主编 权 衡

副主编 赵蓓文 胡晓鹏

从应对挑战到积极主动

——中国在经济全球化中的地位

赵蓓文 等/著

上海社会科学院出版社
SHANGHAI ACADEMY OF SOCIAL SCIENCES PRESS

丛书编委会

主　编

权　衡

副主编

赵蓓文　胡晓鹏

顾　问

张幼文　徐明棋

编委（以姓氏笔画为序）

苏　宁　沈玉良　周　宇　盛　垒

目 录

第一章
参与 WTO 和全球化推进国内改革开放

1979 年以来，中国从改革起步，坚定不移地扩大对外开放，从建立经济特区到开放沿海、沿江、沿边、内陆地区再到加入世界贸易组织，从大规模“引进来”到大踏步“走出去”，从应对挑战到积极主动，中国利用两个市场、两种资源，在参与经济全球化的过程中，逐渐完成了对外开放的战略布局。

第一节　对外开放：决定当代中国命运的关键抉择

回顾历史，在中国数千年的发展过程中，在相当长的历史时期内，中国的政治、经济和文化都走在世界前列。四大发明的出现、丝绸之路的起源，无不昭示着中华文明的繁荣和历史古国的底蕴。然而，1840 年鸦片战争的爆发使中国一下子坠入半殖民地半封建社会的深渊。历经多次政府更迭之后，到 1949 年中华人民共和国成立之时，中国的整个经济已经千疮百孔，遭受了无法弥补的重创。

中华人民共和国成立以后，由于极度缺乏资金，中国不得不通过向苏联举借外债的方式来实现社会化大生产。因此，举借外债成为中国吸收外资的一种特殊形态[①]。毫无疑问，20 世纪 50 年代中国从苏联举借的外债在一定程度上推动了中国经济的发展。但是，1959 年苏联单方面撕毁合同、撤走专家，要求中国提前还债，也给中国的发展造成了极

① 对外资的定义，长期以来一直有狭义和广义之分。狭义的定义仅指外国直接投资，广义的定义则包括各种形式的间接投资。

大损失。

“文化大革命”再次将中国的命运推向了风口浪尖。由于“文化大革命”使党、国家和人民遭受到严重挫折和损失,1976 年 10 月粉碎“四人帮”之时,中国的整个经济情况实际上已经处于缓慢发展和停滞状态。为了扭转这一形势,1978 年,中共中央作出了实行改革开放的战略决策。

回顾中华人民共和国成立的 70 年,1978 年恰恰是前 30 年和后 40 年的分水岭。改革开放不仅是决定当代中国命运的关键抉择,也是在内忧外患的情况下使党和国家从危难中重新奋起的历史抉择。正是由于中共中央正确地作出了改革开放的关键抉择,才使中国的国民经济在改革开放的强大动力下,走出了中国特色社会主义道路,使中国的对外开放呈现出一道亮丽的风景线。

第二节 双轮驱动:以开放促改革促发展

如果说经济全球化的发展为资本这一高级要素大量流入中国提供了一个难得的外部环境,那么改革与开放双轮驱动则为中国进一步吸引外资提供了重要的内部引力。1979 年以来,中国的对外开放和市场化改革在相互促进、共同发展的过程中取得了丰硕的成果。开放营造了吸引外国资本要素流入的经济环境,改革创造了一个对外资有吸引力的、遵守规则的市场环境。开放和改革的相互促进和共同发展则进一步吸引了大量资本要素在中国的流动和集聚,为中国的经济增长提供了重要的制度保障。

一、从改革起步:开放初期港澳台小型跨国公司逐步进入(1979—1991)

十一届三中全会以后,中央利用外资的指导思想发生了重大转变,从原先的排斥外资转变为利用外资。因此,这一阶段的主要任务是实施战略思想的转变，包括突破思想与体制障碍，通过各种方式消除外商的投资顾虑，从行政管理、法律法规以及政策等方面给予跨国公司一定的激励和保障，以解决各地从无到有利用外资的实际问题。

特区试验是这一阶段的主要特征。1979 年 7 月 15 日，中共中央、国务院批转广东省委、福建省委关于对外经济活动实行特殊政策和灵活措施的报告，决定在深圳、珠海、汕头和厦门试办特区。1980 年 5 月 16 日，中共中央、国务院批转《广东、福建两省会议纪要》，正式将“特区”定名为“经济特区”，从而建立了对外开放的第一批窗口。1984 年 2 月，邓小平视察深圳、珠海、厦门 3 个经济特区以后，提出再开放几个港口城市，实行特区的某些政策，进一步明确了对外开放的目标。5 月，中共中央批转《沿海部分城市座谈会会议纪要》，决定进一步开放大连、上海、天津、青岛和广州等 14 个沿海港口城市。1985 年 2 月，中共中央、国务院批转《长江、珠江三角洲和闽南厦漳泉三角地区座谈会纪要》，决定在长江三角洲、珠江三角洲和厦漳泉三角洲地区开辟沿海经济开放区。1988 年 3 月，国务院发出《关于进一步扩大沿海经济开放区范围的通知》，决定新划入沿海开放区 140 个市、县，包括杭州、南京、沈阳 3 个省会城市。4 月，全国人大七届一次会议通过了关于设立海南省和关于建立海南岛经济特区的决议。海南成为中国的第 5 个经济特区。1990 年 2 月，国务院同意将济南市划入沿海经济开放地区。4 月，中共中央、国务院同意上海市加快浦东地区的开发，在浦东实行经济技术开发区和某些经济特区的政策。至此，沿海地区几乎全部开放，形成了以沿海开放城市为中心的沿海经济开放带，成功地实现了对外开放从点(经济特区)到线(沿海经济开放带)的目标转变。

由此可见，开放政策是以改革的方式起步的。经济特区的建立就是计划经济和中央集权管理体制的一大改革。这一改革使特区从旧体制中脱离出来，形成了对外部资本要素的引力，政策开放又进一步吸引了港澳台资本流入，最终形成了经济特区、沿海经济开放带等多种形式的引资格局,成功地实施了邓小平"沿海与内地分步对外开放"的战略目标,取得了对外开放的阶段性成果。

二、全方位开放:欧美日大型跨国公司进入中国(1992—2001)

从1992年到2001年中国"入世"之前是中国实施全方位对外开放的阶段。经过第一阶段的探索,中国对外开放的思想体制障碍已经消除,实际利用外资从无到有。因此,从中央到地方政府,包括大部分学者和政府官员都认为这一阶段的主要任务是完成中国利用外资规模的一次飞跃,即实现利用外资达到数百亿美元以上。为此,中央制定了吸引大型跨国公司的战略,以进一步扩大中国吸收外资的规模。

1992年邓小平南方讲话后,地区优惠政策逐渐向内地延伸,先后开放了边境对外开放城市和长江沿岸城市。1999年,国务院做出了《关于实施西部大开发若干政策措施的通知》的重大决定,给予中西部地区利用外资诸多优惠,实现了点(经济特区)、线(沿海经济开放带)、面(边境内陆城市和中西部地区)的全方位对外开放。

在这个阶段,由经济特区、沿海经济开放带、边境内陆城市和中西部地区的全方位开放所带来的廉价劳动力的持续供给以及外国直接投资激励政策的不断实施所产生的对外部资本要素的巨大吸引,为跨国公司投资中国提供了良好的经济环境。继港澳台资本之后,欧美日等地区的大型跨国公司也纷纷抢滩国内市场,埃克森美孚、BP英国石油、通用汽车、丰田汽车、西门子、松下电器等世界500强跨国公司陆续进入中国,中国吸收外资的规模迅速扩大。

三、以开放促改革:跨国公司在华大规模开拓市场(2002—2007)

改革为开放创造了条件,开放又成为改革的动力。正是在改革与开放的双轮驱动下,中国吸收外资走上了一个新的台阶。2001年末"入世”以后，中国国内市场进一步对外开放。按照“入世”承诺，中国对外开放的领域逐步从制造业扩大到服务业。在2002年4月1日开始执行的新《外商投资产业指导目录》中，中国已经将过去一直保密的民用卫星、运载火箭的设计和制造以及历来由国家垄断经营的电信、铁路运输、商品批发等行业向境外投资者开放，表示了中国对高科技领域和垄断行业进行改革开放的决心。按照“入世”承诺，汽车等行业逐渐取消配额管理措施，并实施了进口关税的大幅度减让，分销服务、法律服务、旅游服务、教育服务、商业零售等也陆续对外开放。通过以上各种方式，中国吸收外资规模达到了一个新的高度，实现了江泽民代表中共中央提出的“全方位、多层次、宽领域对外开放”的战略目标。

四、提高开放效益：实施互利共赢的开放战略（2007—2012）

2007年以后，中国利用外资已经进入依靠国内改革深化和战略优化来提高开放效益的新阶段。

早在“十一五”规划中，以胡锦涛为总书记的党中央就强调“实施互利共赢的开放战略”。提出“鼓励跨国公司在我国设立地区总部、研发中心、采购中心、培训中心。鼓励外资企业技术创新，增强配套能力，延伸产业链。吸引外资能力较强的地区和开发区，要注重提高生产制造层次，并积极向研究开发、现代流通等领域拓展，充分发挥集聚和带动效应”①。

2007年6月25日，胡锦涛在中央党校发表重要讲话时再次强调，“要全面提高开放型经济水平，形成经济全球化条件下参与国际经济合作和竞争新优势”②。2007年10月15日，胡锦涛在中共十七大报告中进一步强调，“创新利用外资方式，优化利用外资结构，发挥利用外资在推动自主创新、产业升级、区域协调发展等方面的积极作用。创新对外

① 中华人民共和国.中华人民共和国国民经济和社会发展第十一个五年规划纲要.2006-3-16.

② 新华网.http://news.xinhuanet.com/politics/2007-06/25/content_6290208.html.

投资和合作方式，支持企业在研发、生产、销售等方面开展国际化经营，加快培育我国的跨国公司和国际知名品牌。积极开展国际能源资源互利合作”①。

2012年11月，中共十八大报告提出，“全面提高开放型经济水平。适应经济全球化新形势，必须实行更加积极主动的开放战略，完善互利共赢、多元平衡、安全高效的开放型经济体系”②。

在这一阶段，中国利用外资从注重规模到注重质量再到注重效益，在适应经济全球化的过程中，不断提高开放型经济水平，分享改革开放带来的制度红利以及积极参与经济全球化带来的开放效益。

第三节　体制建设：从政策性开放到体制性开放

2013年11月12日，中共十八届三中全会发布《中共中央关于全面深化改革若干重大问题的决定》，提出“构建开放型经济新体制”。构建开放型经济新体制的提出，标志着中国的对外开放已经从政策性开放走向体制性开放。

一、构建开放型经济新体制

2013年10月7日，习近平总书记在亚太经合组织工商领导人峰会上发表题为“深化改革开放　共创美好亚太”的演讲，提出“我们将实行更加积极主动的开放战略，完善互利共赢、多元平衡、安全高效的开放型经济体系，促进沿海内陆沿边开放优势互补，形成引领国际经济合作和竞争的开放区域，培育带动区域发展的开放高地。坚持出口和进口并重，推动对外贸易平衡发展；坚持‘引进来’和‘走出去’并重，提高国际

---

① 胡锦涛.高举中国特色社会主义伟大旗帜，为夺取全面建设小康社会新胜利而奋斗——在中国共产党第十七次全国代表大会上的报告.2007-10-15.

② 胡锦涛.坚定不移沿着中国特色社会主义道路前进　为全面建成小康社会而奋斗——在中国共产党第十八次全国代表大会上的报告.2012-11-8.

投资合作水平;深化涉及投资、贸易体制改革,完善法律法规,为各国在华企业创造公平经营的法治环境。我们将统筹双边、多边、区域次区域开放合作,加快实施自由贸易区战略,推动同周边国家互联互通"①。

2013 年 11 月,习近平在《关于〈中共中央关于全面深化改革若干重大问题的决定〉的说明》中指出,"1992 年,党的十四大提出了我国经济体制改革的目标是建立社会主义市场经济体制,提出要使市场在国家宏观调控下对资源配置起基础性作用。这一重大理论突破,对我国改革开放和经济社会发展发挥了极为重要的作用……从党的十四大以来的 20 多年间,对政府和市场关系,我们一直在根据实践拓展和认识深化寻找新的科学定位。党的十五大提出'使市场在国家宏观调控下对资源配置起基础性作用',党的十六大提出'在更大程度上发挥市场在资源配置中的基础性作用',党的十七大提出'从制度上更好发挥市场在资源配置中的基础性作用',党的十八大提出'更大程度更广范围发挥市场在资源配置中的基础性作用'。可以看出,我们对政府和市场关系的认识也在不断深化……现在,我国社会主义市场经济体制已经初步建立,市场化程度大幅度提高,我们对市场规律的认识和驾驭能力不断提高,宏观调控体系更为健全,主客观条件具备,我们应该在完善社会主义市场经济体制上迈出新的步伐"②。

2013 年 11 月 12 日,中共十八届三中全会发布《中共中央关于全面深化改革若干重大问题的决定》(以下简称《若干重大问题的决定》),指出"构建开放型经济新体制。适应经济全球化新形势,必须推动对内对外开放相互促进、引进来和走出去更好结合,促进国际国内要素有序自由流动、资源高效配置、市场深度融合,加快培育参与和引领国际经济合作竞争新优势,以开放促改革"③。具体包括放宽投资准入、加快自由

① 习近平.深化改革开放　共创美好亚太——在亚太经合组织工商领导人峰会上的演讲.2013-10-7.

② 习近平.关于《中共中央关于全面深化改革若干重大问题的决定》的说明.2013-11-12.

③ 中国共产党十八届三中全会.中共中央关于全面深化改革若干重大问题的决定.2013-11-12.

贸易区建设和扩大内陆沿边开放三个方面的内容。该《若干重大问题的决定》还特别指出,“建立中国上海自由贸易试验区是党中央在新形势下推进改革开放的重大举措,要切实建设好、管理好,为全面深化改革和扩大开放探索新途径、积累新经验。在推进现有试点基础上,选择若干具备条件地方发展自由贸易园(港)区”①。十八届三中全会以后,习近平构建开放型经济新体制的对外开放战略思想正式确立,《若干重大问题的决定》的发布也标志着中国的对外开放走向新阶段。

二、建设利益共享的全球价值链,提高国际分工地位

2008年国际金融危机爆发以后,世界经济格局发生重大变化,发达经济体地位下降,新兴经济体迅速崛起,由发达经济体居于顶端、新兴和发展中经济体居于底部的旧的全球价值链出现碎片化。一方面,经济全球化的发展要求构建新的全球价值链来替代原先由发达经济体主导、代表发达经济体利益的旧的全球价值链;另一方面,新兴经济体的崛起希望重塑全球价值链,也会推动全球价值链的发展。但是,如何构建新的全球价值链以及如何在新的全球价值链中表达各方诉求仍存在很大争议。因此,从中国的国情出发,提出构建互利共赢的全球价值链,不仅有助于中国在全球价值链中地位的提升,使全球价值链分工的利益分配更趋公平与合理,还将为中国积极参与全球经济治理、参与全球价值链发展奠定深厚的基础。

2013年9月5日,习近平总书记在二十国集团领导人峰会第一阶段会议上就世界经济形势发表了题为“共同维护和发展开放型世界经济”的演讲,指出“发展创新,是世界经济可持续增长的要求。单纯依靠刺激政策和政府对经济大规模直接干预的增长,只治标、不治本,而建立在大量资源消耗、环境污染基础上的增长则更难以持久。要提高经济

① 中国共产党十八届三中全会.中共中央关于全面深化改革若干重大问题的决定.2013-11-12.

增长质量和效益，避免单纯以国内生产总值增长率论英雄。各国要通过积极的结构改革激发市场活力，增强经济竞争力。增长联动，是世界经济强劲增长的要求。一个强劲增长的世界经济来源于各国共同增长。各国要树立命运共同体意识，真正认清'一荣俱荣、一损俱损'的连带效应，在竞争中合作，在合作中共赢。在追求本国利益时兼顾别国利益，在寻求自身发展时兼顾别国发展。相互帮助不同国家解决面临的突出问题是世界经济发展的客观要求。让每个国家发展都能同其他国家增长形成联动效应，相互带来正面而非负面的外溢效应。利益融合，是世界经济平衡增长的需要。平衡增长不是转移增长的零和游戏，而是各国福祉共享的增长。各国要充分发挥比较优势，共同优化全球经济资源配置，完善全球产业布局，建设利益共享的全球价值链，培育普惠各方的全球大市场，实现互利共赢的发展"①。

三、发出"中国声音"，提升国际经济地位

2013年10月7日，习近平在亚太经合组织第二十一次领导人非正式会议上发表讲话，指出"亚太各经济体应该加快自身经济结构调整，加深产业链和价值链融合，推动亚太地区在全球率先形成新的增长产业群，继续担负起世界经济引擎的重要责任"②。2013年11月，中共十八届三中全会进一步提出，"抓住全球产业重新布局机遇，推动内陆贸易、投资、技术创新协调发展。创新加工贸易模式，形成有利于推动内陆产业集群发展的体制机制"③。《若干重大问题的决定》从国家战略的角度进一步强调了习近平提高中国国际分工地位，通过"引进来"和"走出去"积极推动全球产业链升级的战略思想，标志着中国对外开放战略的

① 习近平.共同维护和发展开放型世界经济——在二十国集团领导人峰会第一阶段会议上关于世界经济形势的发言.2013-9-5.

② 习近平.发挥亚太引领作用，维护和发展开放型世界经济——在亚太经合组织领导人会议第一阶段会议上关于全球经济形势和多边贸易体制的发言.2013-10-7.

③ 中国共产党十八届三中全会.中共中央关于全面深化改革若干重大问题的决定.2013-11-12.

转型升级。

从适应全球价值链到重塑全球价值链，反映了中国参与全球价值链的利益诉求。这意味着中国从当前所处的俘获型价值链，通过企业战略、国家战略和全球战略，逐步提高中国在全球价值链分工中的地位，直至与其他经济体共同参与全球价值链的发展，实现利益共享、普惠各方，互利共赢，使全球价值链的利益分配更为公平合理。同时，积极参与全球价值链重塑也反映了中国希望提高在国际分工中的地位，进一步发挥负责任大国的作用。

2013 年 9 月，习近平总书记在 G20 领导人第八次峰会上提出“完善全球经济治理”的中国方案。他提出，“完善全球经济治理，使之更加公平、公正。G20 是发达国家和发展中国家就国际经济事务进行充分协商的重要平台。要把 G20 建设成稳定世界经济、构建国际金融安全网、改善全球经济治理的重要力量”①。这一方案与中国国内正在进行的经济改革一脉相承，与构建“利益共享的全球价值链”的主张相吻合。“中国声音”不仅是习近平总书记在准确把握国情、世情，综观天下大势后得出的提升中国国际经济地位的重要论述，也是在融合了中国特色对外开放战略、中国特色大国外交战略的基础上所提出的建设开放型经济强国的战略思想。

不仅如此，中国政府还与世界银行正式启动“世界银行—中国发展实践知识中心”，努力推动国际货币基金组织（IMF）份额和治理结构改革，积极参加世界贸易组织（WTO）其他成员国的贸易政策审议，建设性地积极参与全球气候治理，等等。从国内战略、国际战略到全球战略，中国正在向世界宣告准备承担大国责任，共同维护和发展开放型世界经济。

① 习近平.共同维护和发展开放型世界经济——在二十国集团领导人峰会第一阶段会议上关于世界经济形势的发言.2013-9-5.

第四节　战略升级：构建开放新格局

从政策性开放到体制性开放，我国开放型经济新格局的形成离不开开放型经济新体制的构建。相应地，在开放型经济新格局的形成过程中，我们也将更加注重"以开放促改革"。但是，由于经济全球化的深化带来了国际收益分配关系的复杂化，加上世界经济各种复杂因素的影响，世界出现了逆全球化的思潮，特别是美国采取了强烈的贸易保护主义的逆全球化措施。在这一形势下，中国不断在国际场合重申支持经济全球化的立场和决心。2017 年 10 月，习近平总书记在中共十九大报告中指出："推动形成全面开放新格局。开放带来进步，封闭必然落后。中国开放的大门不会关闭，只会越开越大。"[①]习近平总书记全面阐述了构建开放新格局的战略部署，我国开放型发展道路进入了新一轮战略创新期。

一、"一带一路"建设与中国对外开放的协同发展

中国实施"一带一路"建设，这不仅是中国新形势下开放型经济发展的重大战略选择，同时也将引领中国的新型开放经济发展："引进来"与"走出去"双向互动与开放发展。

（一）"一带一路"倡议的提出与中国对外直接投资的新方向

对外投资是开放型经济发展新格局的重要组成部分。2013 年 11 月，中共十八届三中全会通过《中共中央关于全面深化改革若干重大问题的决定》（简称《若干重大问题的决定》），其中就提出要"加快沿边开放步伐，建立开发性金融机构，加快同周边国家和区域基础设施互联互

---

① 习近平.决胜全面建成小康社会　夺取新时代中国特色社会主义伟大胜利——在中国共产党第十九次全国代表大会上的报告.北京：人民出版社，2017.

通建设，推进丝绸之路经济带、海上丝绸之路建设，形成全方位开放新格局”[①]。这是党和政府首次系统提出“一带一路”的概念，《若干重大问题的决定》明确了以“一带一路”为核心、互联互通为关键、基础设施建设为手段、建立开发性金融机构为战略平台的中国对外投资新方向。

在2014年12月党的中央经济工作会议上，习近平总书记发表重要讲话，进一步提出“实施新一轮高水平对外开放”，“优化经济发展空间格局。完善区域政策，促进各地区协调发展、协同发展、共同发展。各地区要找准主体功能区定位和自身优势，确定工作着力点。西部开发、东北振兴、中部崛起、东部率先的区域发展总体战略要继续实施。要重点实施‘一带一路’、京津冀协同发展、长江经济带三大战略，争取明年有个良好开局”[②]，明确了2015年中国开放型经济发展新格局的总体要求。

2015年3月，国家发改委、外交部、商务部联合发布《推动共建丝绸之路经济带和21世纪海上丝绸之路的愿景与行动》，提出“投资贸易合作是‘一带一路’建设的重点内容。宜着力研究解决投资贸易便利化问题，消除投资和贸易壁垒，构建区域内和各国良好的营商环境，积极同沿线国家和地区共同商建自由贸易区，激发释放合作潜力，做大做好合作‘蛋糕’”[③]。

2015年5月5日，中共中央、国务院传达《关于构建开放型经济新体制的若干意见》，强调“推进引进外资与对外投资有机结合、相互配合，推动与各国各地区互利共赢的产业投资合作。鼓励企业将境外投资获得的资源、产品、技术、营销网络、融资渠道等用于促进国内相关产业发展，同时也要发挥我国优势和条件，促进其他国家和地区共同发展”[④]。中

---

① 中共中央.中共中央关于全面深化改革若干重大问题的决定.2013-11-18.

② 中共中央.2014年中央经济工作会议.2014-12-9.

③ 国家发改委、外交部、商务部.推动共建丝绸之路经济带和21世纪海上丝绸之路的愿景与行动.2015-3.

④ 中共中央、国务院.关于构建开放型经济新体制的若干意见.2015-5-5.

共中央关于构建开放型经济新体制的意见，要求我们从问题出发，全面、深入地研究推进引进外资与对外投资有机结合、相互配合的协调机制，并在理论研究的基础上将政策研究的结果运用到实践。

"引进来"和"走出去"战略是中国利用外资战略的两大组成部分。改革开放 40 年来，中国在很长一段时间内都更为关注引进外资战略。2001 年以后，中国对外开放的步伐越迈越大，逐步形成了双向投资的格局。同时，中国经济发展已经进入新阶段。一方面，随着人口红利的逐渐消失，我国劳动密集型产品的生产成本有所提高，简单通过引进外资发展加工贸易的对外开放模式越来越不可持续；另一方面，随着我国自身生产能力和技术水平的不断进步，在某些高技术装备领域如高铁、核电和光伏产业等正在逐步形成对发达国家的比较优势。因此，打造开放型经济的"升级版"已经迫在眉睫。

2017 年 10 月，中共十九大报告指出，"要以'一带一路'建设为重点，坚持'引进来'和'走出去'并重，遵循共商、共建、共享原则，加强创新能力开放合作，形成陆海内外联动、东西双向互济的开放格局"①。

（二）"一带一路"建设与贸易、投资的协同发展

1. 以"一带一路"为动力，实施双向投资和对外贸易的协同发展

第一，投资创造贸易，助推中国与"一带一路"沿线国家的经贸合作。"一带一路"建设是国家政策带动企业投资的典范。国有资本带动民营资本向"一带一路"沿线国家的投资，形成以中国国家资本引领，民间资本踊跃加入，以"五通"实现沿线国家发展能力的提升，进而实现中国与这些国家全面经贸关系的发展与合作共赢，实现开放经济的协调发展。因此，"一带一路"建设的本质是投资创造贸易，实施双向投资和对外贸易的协同发展。

第二，投资促进贸易。通过渝新欧、郑新欧等"中欧班列"的贯通运

---

① 习近平.决胜全面建成小康社会　夺取新时代中国特色社会主义伟大胜利——在中国共产党第十九次全国代表大会上的报告.北京：人民出版社，2017.

行，带动重庆、郑州等沿线地区的对外贸易和双向投资，打造内陆开放新高地，推动内陆和中西部地区对外开放的协同发展。目前，“中欧班列”不仅去程已经常规化、稳定化，实现了满载运输，回程的空载率也已大大下降，有利于带动“一带一路”沿线地区的经贸发展。

第三，投资贸易一体化。通过在“一带一路”沿线开设境外经贸合作区，实现重点产业和重点企业的抱团出海。境外经贸合作区不仅能够提供全方位的投资服务，为“走出去”的企业解除当地法律、知识产权、会计、财务、基础设施、政策风险评估等各方面的后顾之忧，其规模也为重点产业、重点企业引领中小企业对外投资、打造上下游关联企业的产业集群提供了条件。在“共商、共建、共享”的合作原则下，境外经贸合作区为推动中国与“一带一路”沿线国家的大通关合作提供了条件。

2. 以“一带一路”为契机，实现国家战略和地方战略的协同发展

第一，通过“一带一路”建设和“自贸试验区”建设两大国家政策的协同发展，构筑便利化、国际化、法制化的营商环境，重塑沿海开放高地新优势。“一带一路”沿线地区和“1＋3＋7＋1”自贸试验区格局的叠加，将内陆和沿海地区一以贯之，打通了人流、物流、资金流，使分割的国内大市场在两大国家政策的引领下，实现双向投资的协同发展。

第二，城市合作与内外开放的协同发展。以上海、重庆等“一带一路”建设的重点城市为支点，强化沿海和内陆开放城市与“一带一路”沿线国家的双向投资合作。重点城市、支点城市之间的经贸往来和投资合作，特别是“一带一路”沿线国家的港口城市、经贸枢纽城市和中国沿海、内陆开放高地之间的双向投资，不仅能够带动两国的进出口贸易，而且有助于推动“一带一路”与长江经济带的协同发展。

第三，双向投资战略下地区间发展战略的协同。在考虑了中央和地方协调之后，还必须考虑地方之间的关系，即引进外资和对外投资在地区间的协调问题。事实上，无论是引进外资还是对外投资，东部沿海地区都要远远超过中西部地区。在这个问题上，既有历史因素，也有地理原因。地区在产业发展上有差异,在同一个地区,大城市和小城市也有差异,因此,各地区都不可能是相同模式。要在引进来的产业发展上有地区差异,“走出去”上重点发展大都市的平台功能,即集聚跨国公司与金融服务等机构支持走出去总战略。

3. 以“一带一路”为纽带,促进各地区吸引外资的协同发展

第一,合理引导资金流向,推动各区域“组团式”引资。一方面,东部沿海地区引进外资向高端制造业加服务业的方向转化。鼓励先进制造业和现代服务业吸引外资,鼓励跨国公司总部落户。中西部地区引进外资以适用技术为主,以解决当地就业和社会发展,突破技术和管理瓶颈,促进当地的经济发展。另一方面,促进不同区域实施“组团式”引资,逐步形成东西互济的格局。东、中、西部地区吸引外资要注重与区域经济的协调发展,根据高、中、低端产业链的不同需求,以“梯度型”经济圈为基础,制定产业规划,推动产业集群的形成。

第二,推动总部—加工基地发展模式的形成。发展总部经济是东部沿海地区利用外资战略和政策的重要抓手和途径。在制造业领域,长三角、珠三角、环渤海地区要面向全国,以中部地区为腹地,推动总部—加工基地发展模式的形成,并进一步探索东、中、西部地区形成总部—加工基地经济发展模式的可行性。在现代服务业领域,东部与中西部地区要探索总部—次级总部—内地次级总部的总部经济发展模式,通过资金流的汇聚,形成支撑点,并通过提供信息平台、融资平台、人才平台、物流平台等共享平台为中西部地区提供服务,进一步发挥东部沿海地区的总部经济辐射效应。

第三,促进加工贸易外资向中西部地区转移。促进加工贸易外资向中西部地区转移的关键在于:一是东部沿海地区要转移,中西部地区要承接;二是要防止东部沿海地区转移出去的外资迁移到了周边国家;三是要防止东部沿海地区的低端制造业外资转移出去了,高端制造业外资又引不进来。

二、双向投资与中国对外开放的战略协同

双向投资新布局的形成源于引进外资和对外投资两种资金流出入的动力机制发生变化:一方面,欧美实施“再工业化”战略促使国际资金流向发生根本性转变;另一方面,国内实施金融改革创新后汇率机制改革、国际国内利差、互联网金融兴起、资本市场开放、投资方式创新、市场结构变化等因素都对资金流向的改变起到了关键性作用。特别是,国际投资规则的变化在一定程度上倒逼中国对外开放战略的进一步升级,包括自由贸易区战略、“一带一路”建设和金砖国家合作战略等。因此,在总体上,对外投资新战略的实施必须加强与金融、贸易和投资战略的互动,特别是对外投资与引进外资的互动,必须从中央到地方,从省市定位和产业发展等几个方面展开。

(一) 对外投资与引进外资的互动

尽管我国对外开放新格局中引进外资和对外投资的重要性正在发生历史性的变化,但这并不妨碍引进外资继续成为开放经济战略中的重要内容。在与对外投资新战略互动的过程中,引进外资政策将更加注重在质量和效益上的提升,并在一定程度上更好地推动对外投资新战略的实施。

未来我国对外投资和引进外资的政策协调应当从以下几个方面入手:一是引导外资更多向中西部地区转移,以便利用外资更好地实现与丝绸之路经济带的对接。二是通过体制改革提高对外投资和引进外资的管理效率,营造良好的投资和引资环境。三是积极拓展投融资双向渠道,通过与其他国家的大型企业合作,相互投资对方国内的基础设施建设或与之相关的产业,形成投融资的良性互动。这些都对我国经济持续平稳发展大有裨益。

(二) 对外投资与金融发展的互动

一方面,发达的金融体系不仅能为跨国并购活动提供良好服务,而

且在将外资潜在的溢出效应转化为现实生产力方面发挥着重要作用。金融发展能够为国际投资的发展提供良好的制度环境和多样化的金融服务,能够为国内企业发展成跨国公司提供一定的融资支持,有利于推动中国企业对外投资。

另一方面,对外投资的发展对金融业的资金运用、业务品种、服务手段、工作效率、利率和汇率的风险管理等方面都提出更高的要求,从而能加速金融市场的创新和发展。在金融支持实体经济方面,金融创新能够为科技创新提供一定的支持,科技创新也会反过来要求金融创新的进一步完善。

(三)对外投资与对外贸易的互动

在对外直接投资的区位选择过程中,由于直接投资具有一定的沉淀成本,因此,往往是由贸易带动直接投资的进行,贸易与投资具有一体化的趋势。这一点在资源寻求型对外直接投资和市场寻求型对外直接投资中表现得特别明显。从实践来看,中国需要从单向引进外资向同时注重对外投资升级,以投资跨越贸易障碍,获得扩大贸易的资源供给。贸易推进投资的转型在于,要以贸易发展形成的经济基础推进国内的投资与对外投资。更重要的是,改革开放40年来出口发展积累起来的巨大外汇储备已经形成了中国巨大的对外投资并购能力,这种能力正是中国跨越一些国家的贸易壁垒,通过对外投资开辟市场和获得资源供给的强大基础。可见,对外投资创造贸易,对外贸易推进投资,对外投资与对外贸易之间存在一定的互动性。

三、制度创新:主动开放战略与自贸试验区新格局的形成

目前,经济全球化已经从贸易自由化、制造业价值链分工深化向以高标准市场准入为主要内容的投资自由化方向发展。全球投资规则基本形成,美式高标准主导全球投资规则的谈判,中国如果不能充分利用全球投资规则重构的窗口期,参与国际投资规则的制定,不仅将失去在

全球投资规则制定中的话语权，而且传统竞争优势还将被周边国家超越，对中国与世界其他大国构建新型大国关系产生不利影响。“1＋3＋7＋1”自贸试验区新格局的形成，不仅对中国进一步扩大对外开放，而且对中国贯彻落实中共十九大精神，构建开放新格局的实践具有十分重要的意义。

（一）“1＋3＋7＋1”自贸试验区新格局的形成

2013年11月12日中共十八届三中全会召开以后，对于构建开放型经济新体制提出了要求，其中特别提出中国（上海）自由贸易试验区建设是改革开放的重大举措，要为其他地区的发展积累经验。建设中国（上海）自由贸易试验区不仅是中国顺应全球经贸发展新趋势，更加积极主动对外开放的重大举措；而且有利于培育我国面向全球的竞争新优势，构建与各国合作发展的新平台，拓展经济增长的新空间，打造中国经济“升级版”。因此，建设中国（上海）自由贸易试验区不仅是提高中国开放型经济水平的必要手段，也是培育带动区域发展开放高地的阶段性要求。

一方面，要吸引更多的跨国公司地区总部、运营总部进入中国，必须以国民待遇为外资准入管理的基本原则，加强长三角、珠三角、环渤海等沿海地区对外开放的深度，通过自由贸易区进行试点，率先达到全球投资规则的要求，获得经验后在全国推广。另一方面，在国际投资规则的谈判中，我们必须遵循对等原则。中国要培育本土跨国公司，必须通过参与全球投资规则的制定，在知识产权保护等方面遵循对等原则，从而为本土跨国公司建立相应的投资规则保护，避免本土跨国公司在东道国受到歧视，为中国企业走出去奠定基础。目前，全球经贸格局发生演变，美式高标准主导全球投资规则的制定。中国（上海）自由贸易试验区的建立率先推行准入前国民待遇、负面清单，进行外商投资管理体制的改革，在开放体制上率先取得突破，这对于中国参与全球投资规则的制定具有十分重要的意义。

同时，上海自贸区进行投资管理体制的改革实际上是整个国家在投资管理体制方面的一个重大转折。上海自贸区不仅是体制创新的一项重要成果，还是建设开放型经济强国的一项重要的政策实践。

2014 年 12 月，国务院决定设立中国（广东）自由贸易试验区、中国（天津）自由贸易试验区、中国（福建）自由贸易试验区。2016 年 8 月，中共中央、国务院决定在原有 4 个自贸试验区基础上，增加辽宁省、浙江省、河南省、湖北省、重庆市、四川省、陕西省 7 个自贸试验区。2018 年 10 月，国务院批复同意设立中国（海南）自由贸易试验区并印发《中国（海南）自由贸易试验区总体方案》。

自此，“1＋3＋7＋1”的 12 个自贸试验区试点新格局初步形成。经过一段时间的运作，自贸试验区凭借制度优势在吸收外资方面发挥了重要作用，成为各地区吸引外资的新引擎。

（二）探索建设自由贸易港

2017 年 10 月，中共十九大报告指出，“优化区域开放布局，加大西部开放力度。赋予自由贸易试验区更大改革自主权，探索建设自由贸易港”[①]。

2018 年 4 月 13 日，习近平总书记出席庆祝海南建省办经济特区 30 周年大会并发表重要讲话，同时郑重宣布中共中央决定支持海南全岛建设自由贸易试验区，支持海南逐步探索、稳步推进中国特色自由贸易港建设，分步骤、分阶段建立自由贸易港政策和制度体系。4 月 14 日，中共中央、国务院发布《关于支持海南全面深化改革开放的指导意见》（以下简称《海南深改指导意见》），《海南深改指导意见》划定了海南自由贸易试验区、自贸港发展目标及时间表，提出到 2020 年，海南自由贸易试验区建设取得重要进展，国际开放度显著提高；到 2025 年，海南自由贸易港制度初步建立，营商环境达到国内一流水平；

① 习近平.决胜全面建成小康社会　夺取新时代中国特色社会主义伟大胜利——在中国共产党第十九次全国代表大会上的报告.北京：人民出版社，2017.

到2035年,海南自由贸易港的制度体系和运作模式更加成熟,营商环境跻身全球前列[①]。

改革开放40年来,中国积极参与经济全球化,不断推进对外开放,并在贯彻开放发展理念、构建开放型经济新体制的过程中,将自由贸易试验区的建设、自由贸易港的探索与“一带一路”建设相结合,形成陆海内外联动、东西双向互济的对外开放新格局。

① 国务院.关于支持海南全面深化改革开放的指导意见.2018-4-14.

第二章
建立中国跨国公司主导的全球生产网络

随着经济全球化的发展和信息技术的进步,国际生产模式在跨国公司推动下发生重要变化,生产要素的跨国流动性不断增强,国际生产一体化特征日益明显,产品生产过程的不同工序在不同国家和地区进行,从而形成了全球生产网络。全球生产网络既是全球经济一体化深入发展的结果,也是跨国公司进行全球化经营的重要组织形式。跨国公司借助全球生产网络将分布于世界各地的价值链环节连接起来,形成了完整的全球产业价值链体系,并根据自身跨国经营战略的需要在全球范围内配置生产资源,对全球生产网络进行管理,在实现企业利润最大化的同时,也构造了全球产业分工体系并推动其演变。不同国家和地区因参与全球生产网络的广度和深度的不同而在全球生产网络中居于不同的地位。自实现对外开放战略以来,中国经历了通过引进外资参与全球生产网络到主动"走出去"构建全球生产网络的过程。近年来,随着中国"走出去"战略的推进,中国企业积极走出,对外直接投资规模不断扩张,投资效益提升,提升了中国在全球生产网络中的地位。但是,中国企业在全球生产网络竞争方面仍处于被动的地位,如何提升中国企业在全球生产经营网络中的地位,构建以中国跨国公司为主导的全球生产网络,是一个迫切需要关注的问题。本章首先对全球生产网络理论进行梳理,简要介绍我国企业建立以我国跨国公司为主导的全球生产网络的意义、必要性,在此基础上,提出构建中国跨国公司主导的全球生产网络的对策以资借鉴。

第一节　全球生产网络概述

全球生产网络(Global Production Networks)在学术上有不同的称呼,如国际生产经营网络、全球商品链、全球价值链、全球分工体系等,因学者们研究侧重不同,对于其定义目前仍有不同的观点。美国社会学学者格里芬(Gereffi)于1999提出“全球商品链”,并把其分为购买商驱动的全球商品链和生产商驱动的全球商品链两类。前者如玩具、服装等大型跨国公司构建的全球商品链,后者如以高科技领域的技术创新为特点的全球商品链。Sturgeon(2001)从组织规模、地理分布和生产主体等三个维度对全球价值链进行界定,他认为生产网络是指形成更大的经济单位的一群企业相互之间互动形成的合作与分工关系。国内学者林季红(2006)提出全球生产网络是为生产和提供最终产品及服务而形成的一系列企业关系,这种关系将分布于世界各地的价值链环节和增值活动连接起来,形成了全球价值链。如波音787的供应商分布于全球130多个地区,涉及几百万个零部件的生产与供应,又如iPhone是美国苹果公司产品,但它的半导体是德国的,存储卡是日本的,屏幕板、按键板来自韩国等,组装则主要在中国完成。这种分工的细化导致了国与国之间的比较优势更多地体现为全球价值链上某一特定环节的优势,而非传统的最终产品优势。它构成了全球化的重要微观基础。还有的学者从全球生产网络的构成主体上分析,认为全球生产网络就是将领导厂商(Flagship)原有的独资公司、合资公司等与外部的独立供应商、独立承包商、独立分销商及战略伙伴联盟等联系在一起,通过分工合作使领导厂商的生产交易成本降到最低,尽可能提高效率,从而增强其核心竞争力。鉴于理论界对全球生产网络定义较多,综合不同学者的研究,本研究结合我国全球生产网络实践,把全球生产网络界定为依据分工协作原则由跨国公司通过建立海外子公司、分支机构或吸纳当地企业参加而形成的国际性生产网络，包括研发、生产、销售等组织网络与架构。中国跨国公司主导的全球生产经营网络是指由来自中国本土的跨国公司主动投资或借助外包、合作，利用市场机制或非市场机制等方式建立的、本企业在其中居于核心地位的国际性生产销售组织架构。这个网络是国际分工体系的一部分，除了中国企业主导的网络以外，还有美国、欧盟国家、日本、韩国、其他“金砖国家”等国家或地区企业主导构建的国际生产经营网络，这些不同的网络一起构成完整的国际分工体系。国际生产经营网络中的厂商通过互补性分工和富有弹性的网络关系联系在一起，主导厂商居于产业链的前端和价值链的中高端，与辅助厂商形成合作关系。

在全球生产网络的形成过程中，跨国公司通过全球采购、外包等方式，将制造、低附加值服务等非关键的环节配置在全球低成本国家和地区，自身则聚焦产业价值链的高附加值环节，如研发、品牌、渠道等，通过技术垄断、品牌控制与销售渠道的控制确保对产业价值链关键环节的控制，确立对全球生产网络的主导和控制权。在涉及高新技术的产业价值链上，如手机、计算机、飞机制造等，发达国家跨国公司强调对研发、标准与技术等价值链环节的控制，在传统的劳动密集型产业中，则重视营销、品牌与设计等环节的控制。在此过程中，跨国公司按照各国和地区的要素特征，将具有不同要素禀赋优势的国家和地区纳入全球价值链，在全球范围进行要素整合，完成对全球价值链的构造，成为全球生产网络的主导力量。

根据不同企业主体对全球生产网络的控制程度，全球生产网络中企业主体大致可分为领导厂商或旗舰和当地供应商两类。对领先企业和标准制定企业来说，需要标准制定、创新引领、协同管理等，如对主要位于发达国家的总装企业和大型供应商而言，超越对手的创新和设计能力以及如何分摊设计和创立品牌的成本是其始终关注的重点。根据组织结构跟随战略原理，主导企业、网络设计者及布局者将产品价值链和组织结构统一于一个框架中是其管理的重点之一。不同行业、不同类型的全球生产网络对相应的管理重点提出不同的要求,不同的企业具有不同的核心竞争力,对全球生产网络方面相应的组织行为表现也不一样。如有的企业更多地表现为品牌和融资能力,因此大量外包零部件;有的企业则认为核心竞争力来自制造技术的卓越和能力,这类企业需要更多配套服务外包等。对于新兴与发展中国家的后发企业来说,嵌入全球生产网络是获得发展的机遇与融入国际化的重要手段。以汽车零部件供应商为例,全球大型供应商需要不断提高自主设计和创新能力以适应总装企业对系统或模块的性能及界面的要求,同时建立并维护自己的全球网络;主要位于发展中国家的二级供应商因为主要按照一级供应商的设计进行生产,其核心竞争力来自加工技术的不断提高以满足质量标准、成本和柔性生产的需要,其发展方向是实现由向单一市场供给产品扩展为向国际市场供给产品;三级供应商由于供给一些基础产品,基本不具备先进的加工技术,具有成本优势的可以胜出,因此这类企业重点工作是加大技术培训投入,提高技术水平,增强零部件质量性能,否则很难在汽车产业全球生产网络里面生存。

总体来看,20 世纪 90 年代以来,伴随着经济全球化进程的加快,全球制造业与服务业生产体系出现再构,大量中间产品涌现,服务中的劳动密集型环节可独立出来,国际分工随之出现了巨大变化,其主要表现形式之一是垂直专业化分工,即全球价值链分工,表现为劳动密集型工序或劳动密集型零部件生产,与资本、技术、知识密集型工序或零部件的生产之间的分工,甚至是设计与制造的分工,并且有越来越多的国家参与到这种分工活动中,从而形成了全球生产网络。全球生产网络中不同企业占据了产业价值链的不同环节,因而主导企业和一般企业在全球生产网络中所处的地位是不同的。同一国家和地区多数企业在全球生产网络中的地位决定该国或该地区在全球生产网络中的地位。这种地位的不平等性决定不同国家或地区、企业参与全球分工所获得的经济利益是不同的。主导企业是全球生产网络的构建者，通常位于价值链的高端环节，获取了分工的大部分利益，其他企业因其所处的位置和节点决定利益分配。在当前全球生产网络主要以发达国家跨国公司为主导的背景下，新兴与发展中国家企业必然面临提升本国企业在全球生产网络中的地位的问题。

第二节　中国企业在全球生产网络中的地位分析

一、中国企业在全球生产网络中的地位变迁

改革开放四十年来，中国因丰富而廉价的劳动力资源、极具潜力的广阔而多样化的市场、异常稳定的国内政治经济环境，逐步成为美国等发达国家对新兴市场直接投资的首选之地。发达国家跨国公司纷纷在中国建设自己的产品的生产基地，使得中国成为由发达国家跨国公司主导的全球生产网络的重要环节。由于大量引进外资，我国一些企业纷纷加入由发达国家跨国公司主导的全球生产网络中，外商直接投资企业的加工贸易在中国出口贸易中占据了很大部分份额，中国“世界工厂”的地位逐渐形成。这个可以从我国对外贸易发展、港口发展、集装箱吞吐量可以看出。我国工业企业的发展、对外贸易的增长与集装箱吞吐量的增长保持了同步水平，各港口集装箱吞吐量都有不俗的表现，一举奠定了中国在世界运输体系中港口大国的地位。2017 年中国对外贸易总额为 41 052 亿美元，居于世界首位。2017 年全球前 20 大集装箱港口排名，中国港口占据 9 席，分别是上海港（第一）、深圳港（第三）、宁波—舟山港（第四）、香港（第五）、广州港（第七）、青岛港（第八）、天津港（第十）、厦门港（第十四）以及大连港（第十六）。中国“港口大国”的地位已经确立，这也说明中国经济迅速发展和中国“世界制造业基地”地位的确立，中国已较大程度地融入全球生产网络，中国制造业在全球生产网络占据了一席之地。

在全球制造网络背景下,我国企业发展不平衡现象比较明显。一些行业借助于国际生产网络得到较大发展,然而一些行业由于技术封锁等原因,我国企业在某些领域仍然有很大的发展空间。如我国加工贸易的“前店后厂”,中国大多加工贸易企业仍在从事价值链中的低附加值加工环节,在全球价值链所处地位较低。如一些学者调研发现,在东莞众多玩具企业中,只有不到10%的企业有自己的研发机构,90%以上的企业主要从事劳动密集型的OEM与产品装配,90%以上的企业的海外销售是返销到进口料件的供应商或母公司,大部分企业没有自有品牌。虽然“中国制造”的玩具在欧美市场上所占比例及份额较大,但大部分没有形成自己的品牌,靠劳动力成本低廉来维持生存。广东玩具业及至中国玩具业具有一定的代表性,代表了现有一部分领域在更好融入全球生产网络、企业结构优化与转型升级上还需要走很长一段路。

在一些领域我国企业的价值链分布从集中于加工组装的低附加值生产环节,部分延伸至中间品深加工或本土生产的高附加值生产环节。甚至部分企业在部分产品上已具有一定的竞争优势,在高端零部件与资本品对外出口方面有所突破,在一些领域技术和资金密集型产业,如高铁、船舶制造等领域,已经成为全球制造网络的发起者、领导者,但与德国、日本和传统制造强国相比,中国在高附加值生产阶段的竞争力总体上差距仍然比较大。“世界工厂”的角色主要体现在生产规模的外延方面,生产技术的质量、自主知识产权等内涵方面还有很大的提升空间。

从产品层面的观察可以看出,中国在低档产品的全球生产网络中扮演主导角色,但在中高档产品的全球生产网络中扮演依附角色的比率比较高,中国资本技术密集型和知识密集型行业参与全球生产网络的比例有待进一步提高。这几年中国各档产品的全球市场份额、占有率均显著提升,在全球生产网络中的重要性得到全方位的强化。其中,在低档产品上中国已处于绝对优势地位，且竞争优势持续增强，相比之下，中高档产品的竞争力水平要低得多。尽管在高技术产品上已具有一定的竞争优势，但优势主要体现在技术含量相对较低的最终产品和加工组装阶段，在核心零部件上仍有较高的进口依赖性，高技术产品的竞争力提升主要建立在日趋强化的外部依附性基础之上。然而，相比于许多发展中国家甚至部分发达国家，中国在高技术产品全球生产网络中的依附性要弱得多。

从区域层面的观察可以看出，中国在各区域生产网络之间扮演着“中转站”的枢纽角色，通过双向的“三角贸易”将地理分隔的区域生产网络联结成完整的全球生产网络。中国在早期主要偏重于东亚生产网络的内部合作。随着时间推移，中国在主要区域生产网络中已经扮演着重要角色，在东亚、中南美洲、撒哈拉以南非洲地区的生产网络中甚至处于主导地位，但重心仍然落脚于东亚、欧盟、北美这三个最大的区域生产网络，与其他区域生产网络的分工合作较为松散且局限于资源品和消费品的互补性网络联系。中国在不断拓展网络空间广度和推进网络融入深度的过程中，同时参与多个区域生产网络的分工合作，并由此成为东亚、欧盟、北美三个生产网络共同的加工组装中心和海外销售平台；各大区域生产网络通过中国这个共同的网络成员实现网络间的商品与要素流动，进而将分散的区域生产网络联结成完整的全球生产网络，使得与中国这个“世界工厂”的合作水平在一定程度上决定了区域生产网络的竞争力。

不可否认，改革开放以来，中国企业通过参与发达国家跨国公司主导的全球生产网络不仅促进了中国企业制造能力的提升，也促进了中国经济的高速发展，但全球生产网络中不同类型国家和地区的企业地位的不平等性是我们必须正视的现状。《2017 年世界知识产权报告》重点分析了智能手机、咖啡和太阳能电池板领域的案例。首先在智能手机领域，苹果和三星主宰价格超过 400 美元的高端手机市场，市场份额分别为57%和25%。在这个细分领域，关键的无形资产包括技术、硬件和软件的设计及品牌。报告指出，苹果公司每售出一部约810美元的iPhone 7就约有42%的销售收入归属苹果公司，这代表了该行业无形资本的高回报率。尽管华为和三星的顶级智能手机型号的价格和销售量较低，但也收获了不菲收益。报告还指出，智能手机公司和技术提供商严重依赖专利、商标和工业品外观设计，这些无形资本为他们带来了高额回报。与此形成鲜明对比的是，虽然借助于全球生产网络的代工体系有助于新兴与发展中国家实现起飞或低端阶段的工业化进程，但是新兴与发展中经济体大多数企业仍处于国际分工体系的低端加工制造环节，出口贸易以加工贸易方式为主，出口附加值低，企业缺乏主导权和定价权，没有控制价值链中的战略性环节，因而从全球价值链中获取的实际利益远远低于发达国家，在全球生产网络中所处的地位较低。作为最大的新兴经济体，中国同样面临提升在全球生产网络中地位的客观现实需求。

二、中国跨国公司在全球生产网络中的地位分析

在通过引进外资参与发达国家跨国公司主导的全球生产网络的同时，我国一些企业开始“走出去”，尝试自己主导构建全球生产网络。在这一过程中，我国一些企业逐步成长为跨国公司，成为全球竞争的重要参与者。2017年世界500强中国上榜公司数量连续第十四年增长，达到了115家。跨国公司是全球生产网络的主导者，在全球生产网络的发展中扮演着重要角色。要素流动下，跨国公司在全球范围内利用不同地区的特定资产与生产要素对生产进行布局，跨国公司不仅是国际产业分工的构造者，也是下一轮全球产业分工的推动者，在国际分工中的主导地位日益突出。因而评判中国跨国公司在全球生产网络中地位及生产网络布局情况，也可以从中国跨国公司在国际产业分工中的地位进行分析。本研究以2017年《财富》500强榜单为主，从行业分布、经营

效率、要素控制、跨国程度等方面对中国跨国公司与国外跨国公司进行比较研究，目的是综合分析我国跨国公司在全球生产网络中的地位及发展情况。

（一）行业分布

从行业分布来看，中国跨国公司主要集中在传统制造业和一些垄断性服务业。2017 年，中国上榜企业来自采矿与原油生产（12 家），商业储蓄银行（10 家），工程与建筑（8 家），贸易（8 家），车辆与零部件（7 家），人寿与健康保险（股份）（6 家），房地产（6 家），金属产品（6 家），能源（5 家），公用设施（3 家），电信（3 家），专业零售（2 家），炼油（2 家），纺织（2 家），建材与玻璃（1 家），多元批发（1 家），船务（1 家），邮件、包裹及货物包装运输（1 家）的上榜企业数量共 84 家，占总上榜数量的 73%。中国跨国公司的分布比较集中，主要来自传统制造业及一些垄断性服务业，竞争优势仍集中在传统行业中的市场垄断、资源垄断和劳动密集型领域。在高端制造和服务业领域上榜企业数量有所增加，如工业机械（4 家），航天与防务（6 家），电子、电气设备（4 家），计算机、办公设备（4 家），互联网服务和零售（3 家），制药（2 家），半导体、电子元件（1 家），多元化金融（2 家），网络、通信设备（1 家）等，显示了中国跨国公司发展的良好势头。

除金属产品、贸易、铁路运输、建材与玻璃、船务等若干行业外，其他行业均有来自美国的企业，其中网络和服务、计算机软件、建筑和农业机械、财产与意外保险（互助）、管道运输、油气设备与服务、批发（电子、办公设备）和保健（保险和管理医保）这 8 个行业全部为美国企业，而财产与意外保险（股份）、航天与防务、专业零售、综合商业、人寿与健康保险（互助）、航空、多元化金融、食品生产和娱乐这 9 个行业超过一半的上榜企业均为美国企业，美国企业在高科技领域和现代服务业领域具有竞争优势。日本企业主要来自车辆与零部件、电子与电气设备、贸易、计算机与办公设备等领域。英、法和德国企业主要来自银行业、车辆与零部件、人寿与健康保险等领域，日本和欧洲跨国公司的竞争优势主要体现在一些高技术制造业和现代服务业领域。对比来看，这方面中国与美国和日本相比还有较大差距。

包括俄罗斯、印度、巴西和韩国等在内的其他新兴经济体企业主要来自炼油、银行、能源、车辆与零部件以及采矿与原油生产等行业领域，财产与意外保险、航天与防务、制药、信息技术服务等28个行业没有上榜企业，说明其他新兴经济体跨国公司的竞争优势主要集中在低端的传统采矿、能源与制造领域。可以看出，在新兴跨国公司群体中，中国跨国公司的优势明显。

（二）经营效率

从经营效率来看，中国跨国公司总体效率偏低，从国际分工、全球生产网络中获取分工利益的能力较弱。经营效率是体现跨国公司参与全球生产网络、获取国际分工利益的核心指标。本研究依据中国跨国公司行业分布的特点，重点选取包括传统制造业、资本与技术密集型制造业、服务业在内的三大类行业进行比较分析。

1. 传统制造业

传统制造业中，金属产品行业中国上榜企业最多，该行业总共有17家公司入围，其中中国有9家企业入围，德国和日本各2家，卢森堡、印度、美国和韩国各1家。受全球金融与经济危机的影响，多数跨国公司出现亏损，而受国内基础设施建设等经济刺激措施的拉动，中国企业经营绩效较好。但从净利率和资产收益率水平看，表现最好的是韩国浦项制铁公司和德国贺利氏控股集团。此外，日本钢铁公司的竞争力不可小觑，其在世界高级钢材市场占据主导地位[①]。中国钢铁企业则主要以粗钢为主，位于产业链低端，以粗放型规模增长取胜，产品附加值低，盈利能力比较差。

---

① 人民网.日本钢铁业将重点开发高端产品.2006-07-31. http://mnc.people.com.cn/GB/54825/4651029.html。

表 2-1　金属产品行业部分代表性跨国公司绩效指标

排名	跨国公司	国家/地区	营业收入（百万美元）	利润（百万美元）	人均营业收入（万美元）	人均利润（万美元）	净利率（%）	资产收益率（%）
91	安赛乐米塔尔	卢森堡	84 213	−3 726	34.39	−1.52	−4.4	−3.3
155	蒂森克虏伯	德　国	59 483	−6 054	35.41	−3.60	−10.2	−12.3
146	浦项制铁公司	韩　国	56 472	2 186	160.92	6.23	3.9	3.0
185	新日铁住金	日　本	52 864	−1 500	63.55	−1.80	−2.8	−2.0
192	中国五矿集团	中　国	51 807	704	44.57	0.61	1.4	1.8
222	宝钢集团有限公司	中　国	4 568	918	3.50	0.70	2.0	1.1
273	中国铝业公司	中　国	38 822	−786	21.72	−0.44	−2.0	−1.1
278	日本钢铁工程控股公司	日　本	38 405	476	67.33	0.83	1.2	1.4
471	塔塔钢铁	印　度	24 760	−1 297	30.74	−1.61	−5.2	−4.8
490	美铝公司	美　国	23 700	191	38.85	0.31	0.8	0.5

• 资料来源：根据财富 500 强数据整理和计算。

此外，在工程与建筑、采矿与原油生产、能源等领域，中国跨国公司经营绩效普遍较好，体现了中国企业在传统制造业领域具备一定优势。

2. 资本与技术密集型制造业

资本与技术密集型制造业中的车辆与零部件行业是中国企业上榜数最多的行业，共 6 家企业上榜，仅次于日本 8 家企业。得益于近年来国内对汽车消费的大力支持，国内需求快速增长，总体上中国汽车公司取得不错的绩效。对中国整个汽车行业来说，缺乏核心零部件的制造能力依然是软肋。

表 2-2　车辆与零部件行业部分代表性跨国公司绩效指标

排名	跨国公司	国家/地区	营业收入（百万美元）	利润（百万美元）	人均营业收入（万美元）	人均利润（万美元）	净利率（%）	资产收益率（%）
8	丰田汽车公司	日　本	265 701	11 586	79.67	3.47	4.4	3.1
9	大众公司	德　国	247 613	27 909	45.04	5.08	11.3	6.8
22	通用汽车公司	美　国	152 256	6 188	71.48	2.91	4.1	4.1
26	EXOR 集团	意大利	142 226	511	49.50	0.18	0.4	0.3
103	上海汽车集团股份有限公司	中　国	76 233	3 289	71.95	3.10	4.3	6.5

（续表）

排名	跨国公司	国家/地区	营业收入（百万美元）	利润（百万美元）	人均营业收入（万美元）	人均利润（万美元）	净利率（%）	资产收益率（%）
104	现代汽车	韩　国	74 998	7 601	76.26	7.73	10.1	6.7
141	中国第一汽车集团公司	中　国	64 886	2 622	75.84	3.06	4.0	6.7
227	沃尔沃集团	瑞　典	44 850	1 630	41.92	1.52	3.6	3.1
316	印度塔塔汽车公司	印　度	34 705	1 818	55.20	2.89	5.2	5.8

• 资料来源：2013 年《财富》世界 500 强相关资料计算。

网络、通信设备行业中国上榜企业数也最多，共有 5 家企业上榜，中国企业占据 2 席，其中华为公司虽与第 1 位的思科公司差距较大，但与其他企业相比，净利率和资产收益率大大高出行业平均水平，竞争优势明显。另一家中国上榜企业中国电子信息产业集团有限公司经营情况不理想，各项排名仅高于出现巨额亏损的诺基亚公司。此外，在其他资本与技术密集型制造业中，如工业机械行业、电子与电气设备行业、制药行业、航天与防务等中国跨国公司与跨国巨头各项指标差距较大。在计算机及办公设备行业，尽管联想集团表现出一定的竞争优势，但其净利率和资产收益率排名相对靠后，说明盈利能力并不是很理想。在半导体与电子元件行业、计算机软件等领域，中国甚至无企业上榜。这些都说明在资本与技术密集型制造业领域，尽管若干中国跨国公司经营绩效比较理想，但大多数盈利能力不足。

3. 服务业

2017 年银行业（商业储蓄）是上榜企业数量最多的行业，共有 54 家企业上榜，也是中国企业在服务业领域入围最多的行业，共有 9 家企业上榜。总体看，中国银行业经营效率良好。中国工商银行营业收入、总利润和净利率均居该行业的第 1 位，资产收益率居第 2 位的是中国建设银行，中国农业银行表现也较突出。进一步分析发现，银行业集中反映了中国上榜企业行业利润分布失衡的现状，中国上榜的 9 家商业银行占据了所有中国上榜公司利润总额的 55.2%。而美国 8 家上榜的商业银行，利润则仅为其所有上榜公司利润的11.9%。考虑到目前金融行业对民营资本的限制，这种状态也说明银行业良好的经营效率与国内管制性垄断地位不无关系。

表2-3　银行业各国代表性跨国公司绩效指标

排名	跨国公司	国家/地区	营业收入（百万美元）	利润（百万美元）	人均营业收入（万美元）	人均利润（万美元）	净利率（%）	资产收益率（%）
29	工商银行	中　国	133 636	37 806	31.27	8.85	28.3	1.3
33	荷兰国际集团	荷　兰	128 349	4 188	138.65	4.52	3.3	0.3
41	法国巴黎银行	法　国	123 029	8 421	65.25	4.47	6.8	0.3
50	中国建设银行	中　国	113 369	30 618	32.49	8.77	27.0	1.4
55	摩根大通	美　国	108 184	21 284	41.78	8.22	19.7	0.9
60	汇丰银行	英　国	105 294	14 027	37.05	4.94	13.3	0.5
64	中国农业银行	中　国	103 478	22 996	21.49	4.78	22.2	1.1
79	花旗集团	美　国	90 769	7 541	35.05	2.91	8.3	0.4
116	巴西银行	巴　西	72 086	5 756	63.13	5.04	8.0	1.0
130	德意志银行	德　国	67 487	304	68.71	0.31	0.5	0.0
163	三菱日联金融集团	日　本	57 359	10 267	68.70	12.30	17.9	0.4
228	俄罗斯联邦储蓄银行	俄罗斯	44 835	11 233	15.68	3.93	25.1	2.3
298	印度国家银行	印　度	36 863	3 293	12.47	1.11	8.9	0.8

• 资料来源：2013年《财富》世界500强相关资料计算。

此外，在代表高端与新兴服务业的信息技术服务业、网络服务和零售行业等领域，中国有若干上榜企业，该领域上榜企业主要以发达国家跨国公司为主。在服务业领域，中国跨国公司的优势主要来自国内行政性垄断的领域，服务业跨国公司竞争力较弱。

以上分析显示，中国跨国公司经营绩效的行业差异比较大。尽管也出现了华为、上海汽车集团、联想等表现较好的企业，但其他经营绩效较好的企业主要来自行政性垄断的银行业、资源性垄断行业（如石油天然气）、受国内经济刺激计划支撑的汽车行业等，资本与技术密集型制造业的经营效率普遍低于发达国家跨国公司，在一些高端服务业领域，中国连上榜的企业也没有。可见在高技术制造和高端服务业领域，中国跨国公司与发达国家的跨国巨头存在不小的差距。

（三）要素控制

从要素控制角度看，中国跨国公司高端要素缺乏，引领全球生产网络的可持续发展能力堪忧。本研究重点选择技术和品牌两种要素指标，分析中国跨国公司对高端要素的控制情况。

1. 技术实力

在知识产权得到跨国公司高度重视的今天，专利是衡量一家跨国公司技术实力的重要指标。2013 年，世界知识产权组织《专利合作条约》(PCT)提交年度国际专利申请量排名前 15 位的申请人（见表 2-4）。日本的松下电器公司是最大的申请人，其次为中国的中兴通讯和华为公司。松下公司专利技术主要分布在半导体设备领域，其次是电视相关的技术和化学能转换为电能的电池技术。中兴通讯股份有限公司和华为

表 2-4　2010—2013 年世界前 15 位 PCT 申请人

2013 年排名	申请人	申请人国别	2010 年数量（件）	2011 年数量（件）	2012 年数量（件）	2013 年数量（件）
1	松下公司	日　本	2 153	2 463	2 951	2 881
2	中兴通讯	中　国	1 868	2 826	3 906	2 309
3	华为公司	中　国	1 527	1 831	1 801	2 094
4	高通公司	美　国	1 675	1 494	1 305	2 036
5	英特尔公司	美　国	201	309	640	1 852
6	夏普公司	日　本	1 286	1 755	2 001	1 840
7	罗伯特博世	德　国	1 302	1 518	1 775	1 786
8	丰田公司	日　本	1 095	1 417	1 652	1 696
9	爱立信	瑞　典	1 147	1 116	1 197	1 467
10	菲利普	荷　兰	1 433	1 148	1 230	1 423
11	西门子	德　国	830	1 039	1 272	1 323
12	三菱电机	日　本	726	834	1 042	1 312
13	三星电子	韩　国	574	757	683	1 193
14	日本电气	日　本	1 106	1 056	999	1 190
15	LG 电子	韩　国	1 297	1 336	1 094	1 170

• 资料来源：世界知识产权组织《2013 年世界知识产权指标》。

技术有限公司的申请集中在数字通信和计算机技术上，这两家公司提交的无线通信网络技术相关的申请数量最多，其次是数字信息传输和数字数据处理技术方面的申请。此外，根据世界知识产权组织提供的资料，2010—2013 年世界前 50 位的 PCT 申请人中，中国也仅有中兴通讯和华为 2 家企业入围，入围企业主要来自美国、日本、德国等技术强国。这一点在其他行业也存在类似的情况。以汽车行业为例，PCT 专利申请量较大的用户依次为日本丰田汽车、日产汽车、本田汽车、德国戴姆勒公司和奥迪公司，尽管中国在 2013 年世界 500 强车辆与零部件行业中共有 6 家企业上榜，仅次于日本的 8 家，但 PCT 申请并不活跃①，技术水平不高仍是制约中国跨国公司发展的软肋。

2. 品牌控制

世界知名品牌是跨国公司重要无形资产和高级要素，一国跨国公司能否拥有世界知名品牌是该国跨国公司国际竞争力的重要体现。本研究采用世界品牌实验室(World Brand Lab)联合世界经理人集团独家编制的 2017 年《世界品牌 500 强》排行榜比较中外跨国公司对品牌控制的情况②。

从各国拥有品牌的数量来看，美国跨国公司具有绝对优势，美国拥有的品牌数量为 233 个，接近 50%，而且一些品牌是百年历史的世界知名品牌。日本(38 个)、法国(40 个)、英国(39 个)、德国(26 个)、瑞士(21 个)、意大利(14 个)等欧洲国家居于第二层次，印度(1 个)、巴西(3 个)、俄罗斯(3 个)和韩国(4 个)等新兴经济体入围品牌数量较少，中国(37 个)属于新兴经济体中的佼佼者，拥有世界品牌的数量稳定上升，

---

① 世界知识产权组织.美国和中国推动国际专利申请增长创下年度新纪录.http://www.wipo.int/pressroom/zh/articles/2014/article_0002.html.

② 自 2005 年至 2017 年，世界品牌实验室已连续十三年发布《世界品牌 500 强》排行榜，依据市场占有率(Share of Market)、品牌忠诚度(Brand Loyalty)和全球领导力(Global Leadership)三项指标以评判品牌的世界影响力(Brand Influence)，即品牌开拓市场、占领市场并获得利润的能力。这一榜单除企业品牌外，还包括非营利机构和教育机构的品牌，但主要以企业品牌为主，2017 年非营利机构和教育品牌为 17 个，其中美国为 10 个，因此不影响研究结论。

对比其他新兴经济经济体拥有绝对优势，但与世界品牌强国存在相当大的差距，而且也与我国 GDP 世界第二的排位不相称。

从品牌涉及的行业领域来看（见表 2-5），中国上榜的 37 个品牌中，大约 20 个为国有企业品牌，主要集中在银行、能源、工程与建筑、交通运输等传统行业领域，民营企业的品牌主要集中在白色家电等一般制造业领域，与发达国家跨国公司品牌集中高科技制造业、现代服务业等领域的现状相比，中国企业品牌质量有待提升。

表 2-5 主要国家跨国公司代表性世界品牌比较分析

国家	代表性品牌	特点
中国	中国工商银行、中国移动、联想、海尔、中国银行、中国建设银行、中石油、中石化、华为、长虹	以国有跨国公司为主，主要分布在国内垄断经营的金融、能源等领域，也涉及若干制造业领域的民营跨国公司
印度	塔塔	工业设备
俄罗斯	俄罗斯天然气、皇冠伏特加	能源、食品与饮料
巴西	巴西石油	能源
韩国	三星、现代、LG	主要为数码与家电、汽车与零件
美国	谷歌、苹果、亚马逊、微软、可口可乐、通用电气、埃克森美孚、波音、IBM、科尔尼、智威汤逊、波音	涉及行业广泛，包括互联网、软件、金融、咨询、广告、计算机办公设备、能源、航空与防务等
英国	联合利华、汤森路透、汇丰、巴克莱、乐购	以服务业为主，主要包括零售、传媒、银行、广告等
法国	欧莱雅、路易威登、香奈儿、迪奥	以奢侈品、服饰为主
德国	宝马、梅赛德斯-奔驰、博世、大众	以制造业为主
意大利	阿玛尼、古琦、普拉达、范思哲	以奢侈品、服饰为主
日本	索尼、佳能、松下、丰田、本田、日立	以汽车与零件、数码家电、通信与电子、计算机办公设备行业为主

中国虽然也涌现了华为、中兴、联想等这样杰出的中国跨国公司，但总体上中国跨国公司技术实力不足，自主创新能力薄弱，跨国品牌的世界影响力还不够，高端要素缺乏，与发达国家跨国公司差距较大，引领全球生产网络的可持续发展能力堪忧。中国跨国公司的优势主要是在劳动密集型制造领域和传统服务领域，如银行、通信、运输等领域，而这些领域的优势主要是依靠国内市场中的行政性垄断地位或者低成本

优势获得，创新能力尚未获得普遍认可。在高端服务业领域，中国几乎没有具有世界影响力的跨国公司。这反映了中国跨国公司缺乏高端要素的现状，是导致其国际分工地位较低的重要因素。

（四）跨国程度

从跨国程度看，中国跨国公司跨国程度低，全球生产网络布局能力不足。跨国程度是跨国公司全球化经营实力、全球生产网络布局的重要考量因素，衡量企业跨国程度的指标是跨国指数[①]。2013 年中国企业联合会发布的《2013 中国 100 大跨国公司及其分析报告》显示，中国 100 大跨国公司与海外跨国公司还有很大差距。2012 年中国 100 大跨国公司的平均跨国指数不仅远远低于 2012 年世界 100 大跨国公司 61.06％的平均跨国指数，而且远远低于 2012 年发展中国家 100 大跨国公司 37.91％的平均跨国指数。2012 年中国 100 大跨国公司中跨国指数在 30％以上的只有 11 家，达到 2012 年世界 100 大跨国公司的平均跨国指数的企业只有 2 家，达到 2012 年发展中国家 100 大跨国公司平均跨国指数的企业也只有 7 家，还有 19 家企业的跨国指数没有超过 5％，跨国化程度较低，中外代表性跨国公司跨国指数的比较也说明了这一现象（见表 2-6）。这说明中国跨国公司跨国化发展程度低。

表 2-6　中外代表性跨国公司跨国程度比较

中国前十大跨国公司（2012 年）			世界前十大跨国公司（2012 年）		
排名	企业名称	跨国指数（％）	排名	企业名称	跨国指数（％）
1	中国石油天然气集团公司	26.75	1	通用电气	48.8
2	中国石油化工集团公司	24.37	2	皇家壳牌	72.8
3	中国中信集团有限公司	19.76	3	丰田汽车公司	58.6
4	中国海洋石油总公司	25.80	4	埃克森美孚公司	62.6
5	中国中化集团公司	55.73	5	法国道达尔公司	79.5
6	中国远洋运输（集团）总公司	43.46	6	英国石油公司	69.7

① 跨国指数按照（海外营业收入÷营业收入总额＋海外资产÷资产总额＋海外员工÷员工总数）÷3×100％计算得出。

（续表）

中国前十大跨国公司（2012年）			世界前十大跨国公司（2012年）		
排名	企业名称	跨国指数（%）	排名	企业名称	跨国指数（%）
7	中国铝业公司	12.10	7	沃达丰集团	88.9
8	中国五矿集团公司	24.40	8	大众汽车集团	58.6
9	中国保利集团公司	19.83	9	雪佛龙公司	59.3
10	浙江吉利控股集团有限公司	67.25	10	埃尼集团	71.2
平均		31.95	平均		67.0

• 资料来源：联合国贸发组织网站和中国企业联合会网站。

中国跨国公司跨国程度普遍较低，可称为内向型跨国公司，而来自美、日等发达国家的跨国公司可称为外向型跨国公司。当然，对于国内市场较大的跨国公司来说，如果其经营活动更多依赖国内市场的话，确实会存在比其他国家同类跨国公司跨国指数更低的情况。但在跨国公司普遍实行全球化经营战略的今天，跨国指数的高低一定程度上也反映了企业全球化经营水平和竞争实力。跨国指数低显示中国多数跨国公司还仅能在国内市场上利用中国自己的资源参与全球竞争，未能在全球范围内有效利用各种要素与资源，对全球价值链分工和产业链分工的控制能力有待提升，全球生产网络布局能力不足。

不同国家在全球价值链中的地位是不同的，这种不同的地区决定各国在全球生产网络中的不同地位。发达国家通过本国各产业领域的领先跨国公司对外投资，在全球空间范围内进行最佳的资源配置和生产要素组合，大幅度提高了产业效率。同时，为了更好地满足全球市场需求，创新活力被激发出来，而且在信息技术的支持下，更具创新效率的开放式创新模式被跨国公司普遍采用，从而加快了技术进步速度，提升了产业技术水平，促进本国产业结构升级，提升了在国际产业分工体系中的地位。不同发达国家的跨国公司因其占据的产业价值链环节的不同，形成了全球跨国公司群体的“金字塔”现象，美国跨国公司以绝对优势居于金字塔的顶端，英国、法国、德国、日本等发达国家跨国公司随居其后。这一现状的实质是不同发达经济体产业竞争实力的体现。上述研究显示,尽管中国跨国公司的全球生产网络发展及国际分工地位有了较大提升,但与美国、日本、德国等发达国家跨国公司相比,仍存在较大差距,主导全球产业分工的仍旧是发达国家跨国公司,中国跨国公司主要居于全球价值链的中低端,国际分工地位较低,亟须构建中国跨国公司主导的全球生产网络。

第三节　中国跨国公司在全球生产网络中地位落差的原因分析

一、所处的成长阶段不同

欧美发达国家跨国公司拥有悠久的发展历史,其历史至少可以追溯到 19 世纪 60 年代。当时美国和西欧的一些大企业开始在海外设立生产性分支机构,从事制造业跨国经营活动,美国的胜家缝纫机公司、德国的拜耳化学公司和瑞典的诺贝尔公司这三家公司在 19 世纪下半叶开始在海外设立生产性分支机构,从事跨国经营活动,已初具跨国公司的雏形,因此它们通常被看作是早期跨国公司的代表。经过一个多世纪的发展,发达国家跨国公司在数量、规模和实力上不断扩大,涌现出一大批分布在各行业中的著名跨国公司,特别是 20 世纪 90 年代以来,随着经济全球化的深化发展,发达国家跨国公司在全球产业分工中占据主导地位,实力不断增强。反观中国跨国公司的发展历程,中国自实施改革开放政策后,对外直接投资开始起步,最初主要以在海外建立销售分公司为主。1979 年 10 月成立的中国国际信托投资公司可以看作中国首家真正意义上的跨国公司,与发达国家相比,起步至少晚了一个世纪。处于不同演化阶段的跨国公司,其竞争优势等各方面明显不同(见表 2-7),以处于青年阶段的中国跨国公司与处于成熟阶段的发达国家跨国公司相比,中国跨国公司自然存在差距。

表 2-7 跨国公司演化的阶段

	阶段 1:幼年 MNE	阶段 2:青年 MNE	阶段 3:成熟 MNE
母国国家特定优势的重要性	高	从高到中等,并降低	从中等到低,并降低
出口与海外生产的比例	出口超过海外生产	出口与海外生产平衡	海外生产超过出口
活动区域	母国区域的少数国家,除非新兴经济体跨国公司追求低成本合作战略	几个国家,强调母国区域的重要性	很多国家,在所有主要区域
品牌	国内知名,国外无名	国内知名,在国外逐步被认知	全球知名品牌
举例	大多数新兴经济体跨国公司	韩国跨国公司,如 LG 和现代	西方和日本跨国公司,如 IBM、索尼等

• 资料来源:Ramamurti(2008)①。

二、成长的制度环境不同

发达国家的市场经济经过漫长的发展已经高度发达,市场在资源配置方面起决定性作用,加之国家从政策各方面鼓励自由竞争,并建立起完善的法制体系配套,从而保证了一个相对来说有利于本土企业发展的自由和市场竞争环境。发达国家跨国公司大多在这种自由竞争环境中成长起来,经历比较充分的市场竞争的洗礼,竞争优势明显。目前中国市场经济制度初步确立,国内企业产权制度改革和要素市场培育仍没有彻底完成。在面临经济全球化和对外开放的双重压力下,政府唯有大力支持国有跨国公司的发展,以抗衡来自发达国家跨国公司本土化竞争。这些国有跨国公司多数居于资源性垄断或管制性垄断行业,与政府关系密切。行政主导的发展模式,即以国有或国有控股企业为主,在国家和主管部门的推动下发展,也是一种"规模优先"的发展模式,在这种情况下,中国跨国公司存在先天不足。事实上,从所有权优势的层面看,由

① Ravi Ramamurti. What Have We Learned about EMNEs[A], In Ravi Ramamurti and Jitendra Singh(eds.) Emerging Multinationals from Emerging Markets[M]. Cambridge UK: Cambridge University Press, 2008, Chapter 13.

于发达国家市场化程度相对较高,传统跨国公司母国政府的作用大多是中性的,而大多数新兴经济体国内经济制度处于转轨或完善中,再加上经济发展任务比较迫切,因此新兴经济体跨国公司母国政府通常实行有计划的追赶战略,对企业国际化活动有相对多的干预,这导致前者的所有权优势主要体现在企业层面,而后者的所有权优势既包括企业层面,也包括国家层面。因此,从企业层面来看,中国跨国公司与发达国家跨国公司存在落差也难以避免。

三、中国对外开放战略的导向

在上一轮发达国家跨国公司主导的全球价值链形成过程中,中国以土地、低成本劳动力等优势资源参与全球产业分工,以国内改革和对外开放主动融入跨国公司全球生产网络,成长为“世界工厂”,实现了经济起步阶段的发展。这在特定历史阶段下是中国必然的经济发展战略选择。但这种发展模式主导下,中国跨国公司和其他本土企业是全球产业分工的被动参与者,居于全球产业价值链的低端环节,自然地,中国难以大量涌现世界级的跨国公司,价值链环节的低端锁定也导致中国跨国公司与发达国家跨国公司国际分工地位的差距较大。

四、中国跨国公司自身的不足

中国跨国公司与发达国家跨国公司差距的存在也与中国跨国公司自身存在的不足直接相关。中国跨国公司中,虽有华为、中兴、联想等杰出的企业,但大多数未建立真正的现代企业制度,特别是国有企业,企业“官本位”的弊端一定程度上影响企业的可持续发展。企业的国有产权代表、经理人员不是向企业发展负责,而是向上级政府主管部门负责。这种国企特有的制度决定了一些企业经理人往往不考虑企业的长远发展,而考虑一时的“政绩”。其运作方式,内部的管理体制,不是按照市场规律和现代企业的要求,而是按照行政机关的模式来进行,习惯于垄断经营,不善于在市场上公平竞争,也不善于着眼于企业长期发展。此外,一些国有跨国公司限于垄断性利润的获取,民营企业实力不足,对自主知识产权和品牌等高端要素的培育不重视,限制了其竞争力的提升。不可否认,一些中国跨国公司对技术、品牌、销售渠道等高级要素的需求是迫切的,这从中国跨国公司大手笔的跨国并购可见端倪。但是,一些企业跨国并购后,忽视了对资源的有效整合,整体管控力弱,而且仅靠从外部并购的方式获取高端要素,对提升企业核心竞争力的作用有限。

随着我国改革开放的发展,中国开启了工业化发展浪潮,我国企业积极加入由发达国家跨国公司主导的全球生产网络,促进了我国工业化发展,实现了经济的腾飞,中国目前已成为全球第二大经济体。在这一过程中,我国企业快速成长,大量中国企业成长为中国跨国公司。但从国际分工地位上看,中国跨国公司并未跃升至第二层级,这说明一国的经济规模的扩张并不必然导致强大的世界级跨国公司的出现。中国与世界主要国家跨国公司在国际分工地位上的差距是客观存在的,在全球生产网络地位有待进一步提升,这种地位的落差既是两者所处的成长阶段不同和发展的历史背景不同造成的,同时也与中国的经济发展战略及中国跨国公司自身的原因相关。当前,在全球经济复苏明显放缓、国内经济结构调整的大背景下,外需乏力和内需不足使得中国产业结构升级面临着巨大压力。因此,提升中国国际分工地位,需要中国跨国公司有所作为,在全球更大范围聚集优势生产要素,大力发展国际分工体系中的中高端制造和服务环节,并在新一轮国际产业分工中积极布局,在全球价值链中占据有利位置,构建中国跨国公司主导的全球生产网络。这也是通过对外直接投资把扩大内需与拓展外部战略空间有机结合起来,实现内外部均衡发展以及经济发展模式转换的战略选择。

第四节　建立中国跨国公司主导的全球生产网络的对策

一、提升产业分工地位

中国需要进一步巩固中国跨国公司在传统优势产业中的竞争地位，同时扩展在新兴产业领域的发展空间，提升中国在全球产业分工中的地位。

中国跨国公司主要分布在能源、电信、银行、钢铁、建筑、化工等传统行业，新兴产业如高端制造业和新兴服务业领域的跨国公司比较少。传统行业是中国跨国公司的优势领域，但这些行业通常利润率较低，随经济周期波动的影响更大，因此要重点关注中国跨国公司竞争优势的可持续性。新兴产业是跨国公司竞争的制高点，是未来产业发展的方向。

中国跨国公司具有优势的传统行业，主要包括两类，一是劳动密集型的制造业和服务业（如建筑、贸易、运输等行业），二是资本密集型、具有垄断性的服务行业（如金融、电信等行业）。重点是鼓励中国跨国公司创新，通过技术创新和商业模式创新提升竞争优势，提升加工制造和低端服务的附加值，让企业焕发新活力。同时，企业应通过对外直接投资延伸产业链，增强产业发展与市场竞争的话语权。例如从生产能力与规模来看，我国纺织产业实力比较强，但存在产业价值链地位低、产品附加值低的困境。我国纺织与服装产业领域的一些企业通过对外投资，向纺织产业价值链的上游和下游高附加值环节跃进，显著提升了我国企业国际纺织产业分工的地位，对国内纺织产业升级有积极意义，其中浙江富丽达集团的成功经验值得借鉴。当时富丽达集团虽是中国最大、世界第三的短胶纤维生产企业，但原料供应主要依赖国际供应商，成本难以控制，于是集团决定拓展企业产业链。2011 年，集团收购了加拿大纽西尔特种纤维素有限公司的全部股份。此次并购规模高达 2.535 亿美元,显示了集团向产业价值链上游迈进的决心。该公司是加拿大专业生产特种溶解浆的厂商,通过并购该公司,富丽达集团对产业链上游的控制加强,可以得到稳定的原料供应,降低生产成本,增强了企业的行业话语权。中国跨国公司具有比较优势的行业还包括一些资本投入高,技术相对比较成熟的制造业(如计算机与办公设备行业、车辆与零部件制造等行业),但与发达国家跨国公司相比,有较大差距。为提高技术实力,这类跨国公司应该主动到技术与人力资本密集的地方,通过设立海外研发中心、跨国并购、与国外先进企业结成战略联盟等方式,整合全球创新要素,提升技术实力,向全球价值链的高端跃升。

值得一提的是,对铁矿石、石油、天然气产等领域的中国跨国公司,其发展战略应定位于:在国家外交战略的支持下,建立稳定的海外战略性资源与能源开发供应基地。鉴于国外意识形态的偏见,对这些领域的国有跨国公司投资比较警惕,未来应鼓励民营跨国公司、混合所有制的跨国公司发展壮大,减少在这些领域投资的政治壁垒。

二、促进跨国经营主体多样化

中国必须进一步做强国有跨国公司,支持民营及其他类型跨国公司崛起,促进跨国经营主体多样化。

从跨国经营的主体来看,中国跨国公司以国有跨国公司为主。不仅世界500强上榜企业以国有跨国公司为主,中国企业联合会发布《2017中国100大跨国公司》也显示,2017中国100大跨国公司中,国有及国有控股公司73家,其中中央企业43家,说明当前大企业国际化的主力军仍然是国有控股公司,占据明显的主导地位,民营企业仅有27家。国有跨国公司大多居于资源性垄断或行政性垄断行业,主要是依靠庞大的国内市场中的垄断地位成长起来,其发展与壮大离不开政府政策支持。当然,这里并不是否认国有跨国公司存在的意义,在世界范围内,无论是发达经济体还是新兴经济体都存在国有跨国公司。国有跨国公司对于实现国家战略利益具有重要作用，对实现社会主义市场经济制度的中国而言，国有跨国公司对国家利益的作用不言而喻。对中国国有企业跨国公司来说，未来的发展战略目标应侧重于建立真正意义上的现代企业制度，完善治理结构，培育核心竞争力，促使其竞争优势以当前的制度优势为主，向制度优势和市场优势并重转变，建立可持续的竞争优势。

中国需要培育一批在更多领域，特别是来自竞争性行业、代表中国企业真正实力的企业，加快形成国际竞争新优势，支持它们成长为具有全球竞争力的跨国公司，这对于构建中国跨国公司主导的全球生产网络具有重要的战略意义。民营企业大多居于竞争性行业，应鼓励其在竞争性领域提升产业价值链的地位或掌握产业发展的主导权，促进民营跨国公司崛起。近年来不少民营企业生产规模迅速扩大，管理水平日益提高，逐步具备了全球思维和国际战略眼光，与国有企业相比，这些民营企业市场化程度更高，具备参与国际竞争的基本条件，不乏跨国经营的大手笔，如吉利汽车并购沃尔沃、联想并购 IBM 的 PC 业务、三一重工并购德国机械制造巨头普茨迈斯特等。此外，一批创新活跃、成长性好的中小型民营企业是行业的“隐形冠军”，具备成长为中小型跨国公司的实力。

总体上，在发展中国跨国公司的进程中，国家可根据各行业的特点、企业的资本规模和海外经营能力以及跨国经营程度，遴选部分重点行业和重点企业，分层次推进培育中国跨国公司的工作，形成不同类型、不同规模、内外互动的中国跨国公司加快发展的新格局，使得中国跨国公司成为中国提升国际分工地位的战略突破口。

三、鼓励跨国公司积极“走出去”

中国必须借鉴不同跨国公司发展模式的优势，充分吸收各种发展模式的优势，鼓励不同类型跨国公司积极“走出去”。

全球跨国公司主要有两种发展模式。一类是以欧美跨国公司为代表的发展模式。这些大型跨国公司大多经历了长期的阶段化的渐进发展过程,在发展过程中积累了先进的技术、雄厚的资本和优质的人力资本,竞争实力强,是市场主导型成长模式。另一类是以20世纪70年代的日本和80年代的韩国跨国公司为代表的后发型跨国公司发展模式。这些企业选择在政府各种政策支持下,通过兼并、收购、联合、重组等手段,迅速扩大规模,成长为跨国公司,是政府主导型的发展模式。市场主导型模式下,企业得到市场竞争的充分历练,经营效率高,抗风险能力强。政府主导型的发展模式下,得益于政府的强力支持和引导,企业能快速成长,实现赶超,而且这些企业与国家的经济发展战略能较好地协调。中国处于全球化深化发展的背景下,由于对外开放后,外资大量进入,因此中国本土企业在国内市场中面临的是国际化竞争,同时,也为中国企业整合全球要素提供机会。因此,中国跨国公司的发展需要同时借鉴两种模式的长处,过去比较偏重政府主导型的模式,造就了大批具有全球影响力的国有跨国公司,这对于实现国家经济的赶超发展、执行国家经济发展战略是必要的,未来也应重视市场主导型模式,提升国有跨国公司的竞争优势,培育更多民营跨国公司,实现中国跨国公司的群体性崛起。

四、鼓励中国跨国公司主动构建全球生产网络

中国应对外积极参与和主导国际投资体制建构,为中国跨国公司海外扩张提供制度保障,鼓励中国跨国公司主动构建全球生产网络。

近年来,与中国经济总规模和对外投资规模位列世界前列形成明显反差的是,中国在国际投资体制建构进程中更多的是扮演参与者的角色,影响力有限。尽管中国签署的双边投资协定数量持续增长,但与美国、日本等国际投资大国并未签署双边投资协定,令中国双边投资协议体系存在结构性失衡的状态。更为重要的是,在争夺新一代国际投资规则主导权的跨区域诸边谈判中,中国明显处于被动应对的不利地位,既

缺乏对议题和原则的倡导权，更缺乏前瞻性的战略准备。因此中国须积极参与和主导国际投资体制建构，为中国跨国公司海外扩张，积极布局全球产业分工提供制度保障。

从参与者向建构者转型意味着不仅要积极加入开放式国际投资共识的倡导，如人力的直接参与，相关提案、议案或报告的建议，具体政策方案和实施方案的提供等，更要系统规划在国际投资体制建构中的机制建设，探索扩大中国参与全球投资治理机制的有效渠道和有效平台。如对于实质性问题建立工作组、召开关于投资机制的国际听证会、促进商业及民间团体参与对话；推进国际投资专门机制的建立，如国际投资保护机制观察平台、国际投资利益相关者的追索机制、国际投资进入(退出)统一监管机制等。考虑到当前中国正处在作为双向投资大国的角色变化，笔者认为应对战略的目标是以可持续发展为导向，通过多层次参与国际投资体制建设，构造全球利益分享格局和开放合作新机制。近期的战略重心是加速推进与国际投资核心国及我国主要经贸关联国的双边投资谈判，特别是推进中美双边投资谈判，以纠正目前我国双边投资协定体系中的结构性失衡状况。同时，以扩大资本输出为谈判基础，积极巩固和扩大与亚太周边经济体的区域性投资自由化体制和机制建设。

五、鼓励更多中国企业成长为跨国公司

中国对内应以制度改革突破跨国公司发展的阻力与瓶颈，营造有利中国跨国公司成长的市场环境，鼓励更多中国企业成长为跨国公司。

发展中国跨国公司的核心是以制度改革突破跨国公司发展的阻力与瓶颈，营造有利跨国公司成长的市场环境。按照优化经济结构、转变增长方式的客观要求，发挥市场在资源配置中的决定性作用。在提升企业国际竞争力过程中，企业是跨国经营的行为主体，政府要定位于政策体系的构建者和服务体系的提供者，尊重企业的市场主体地位，遵循市场经济规律，充分发挥政府引导推动和协调服务作用，创造外部条件、

激发企业内在活力和发展动力。政府和企业各司其职,这是跨国公司发展的基本制度环境。

当前制度改革的一个重要方向是通过推进国内投资促进政策和差别性企业政策的改革,在投资审批、行业准入、获取融资和要素配置等多个环节上,营造内外资企业、国企民企公平竞争的制度环境。这也是通过深化国内改革应对国际投资体制构建中的竞争中立和监管透明度等新规则,减少国有跨国公司在国际上频繁遭遇投资壁垒,促进民营跨国公司成长,实现中国跨国公司参与国际分工的主体多样化的重要举措。

六、提升中国跨国公司在全球生产网络中的地位

中国应积极培育高端要素,促使中国跨国公司向全球产业价值链的高端环节跃升,提升在全球生产网络中的地位。

经济全球化条件下,加入国际分工的要素内涵得到了前所未有的拓展,不再局限于原有的劳动力、资本等传统生产要素,而是包括技术、信息、知识产权、销售渠道等新型要素在内的广义集合。在全球生产网络中,发达国家跨国公司是领导者、领先企业,居于全球产业价值链的高端环节,主要原因在于跨国公司拥有品牌、专利技术等高端要素。高端要素可谓跨国公司竞争全球生产网络主导权的生命线,因此中国跨国公司要积极培育高端要素,培育高端要素主要有两个途径:

第一个途径是企业自主培育。目前的重点是政府要扩大知识产权保护等公共政策的供给,为企业营造良好的外部环境;企业加大研发投入,注重自主创新,加强品牌传播,提升技术水平,努力提升品牌认可度和市场价值。在品牌传播方面,企业要夯实第一层次的传播,苦练内功,提升产品质量和服务水平;加强第二层次传播,通过广告等方式,让利益相关者了解中国跨国公司,提升其美誉度;引导第三层次的传播,即利用现代化的通信与传播手段,对利益相关者的评价进行干预和引

导，同时三个层次的传播统筹兼顾，做到“名副其实”“言行一致”。

第二个途径是借力培育。鼓励和引导有条件的大企业集团、上市公司及其他有条件的企业，通过赴境外直接投资、收购参股、与国际著名跨国公司合资合作、建立战略联盟等方式，建立研发、设计及创新中心，提高技术创新能力，获取更多的核心技术、人才、品牌、营销管道和管理方法等高端要素，向产业链的高端环节跃进。

全球生产网络把世界各国和地区的经济更加紧密地融结成一体，任何一个国家或地区一旦游离在全球生产网络之外，就必然会丧失发展良机。但不同国家在全球生产网络中的地位是不同的，由此所获得的收益也不同。发达国家跨国公司通过国际直接投资，在全球范围内灵活有效地配置资源，将生产的每一环节分布在其力所能及的最佳地理位置，占据了更加有利的国际分工地位，从而在全球生产网络中居于主导地位。另一方面，虽然借助于全球价值链的代工体系有助于新兴与发展中国家实现起飞或低端阶段的工业化进程，但是在进行到高端工业化进程中，却广泛地面临重重障碍，而构建本国跨国公司主导的全球生产网络是突破这些障碍的有效途径。对中国来说，扩大对外投资，发展跨国公司，构建中国跨国公司主导的全球生产网络，既是我国经济转型升级的必然选择，也是建设开放型经济体制的战略要求。当前增强中国对全球生产网络的利用能力，需要中国跨国公司有所作为，在全球范围内整合优势生产要素，大力发展国际分工体系中的中高端制造和服务环节，并在新一轮国际产业分工中积极布局，从而在全球产业价值链中占据有利位置，提升在全球生产网络中的地位。

第三章
构建开放型经济新体制与自贸试验区建设

改革开放四十年以来,我国一直将对外开放作为基本国策。21世纪以来,国际、国内经济形势发生了重大变化,特别是2008年全球金融危机之后,我国面对的外部经济政治环境更加复杂,国内经济制度改革面临深度调整。面对新形势、新挑战、新任务,在对外开放政策上,中共十八大提出要全面提高开放型经济水平,要"适应经济全球化新形势,必须实行更加积极主动开放的开放战略,完善互利共赢、多元平衡、安全高效的开放型经济体系"。中共十八届三中全会明确要构建开放型经济新体制。2015年,中共中央和国务院发布《关于构建开放型经济新体制的若干意见》,全面阐述构建开放型经济新体制的总体目标和总体要求以及构建开放型经济新体制的十方面内容。

本章以改革开放四十年实践为基础,讨论国际国内经济新形势新局势对开放型经济新体制的新的改革要求,总结开放型经济新体制的内容和进展、讨论四十年以来开放政策的经验和面临的挑战,提出未来改革方向设想。

第一节　开放型经济新体制的背景和内容

开放型经济新体制提出的背景是什么?国际和国内经济形势面临哪些新变化和新挑战,使得我国需要新的开放经济体制?新体制的主要内容是什么？过去开放制度存在哪些差别？本节将从改革四十年开放经济特征和开放政策实践为基础来讨论上述问题。

概念上，开放经济是相对于封闭经济而言，开放经济是指一国国内经济活动和境外经济活动的连接和往来，包括货物和服务贸易、投资、金融资金流动、商务人员往来以及管理技能和技术的转移等。因此，本章将从开放经济的国际贸易、投资、金融领域以及区域开放特征来阐述新的特征，以此为基础，阐明新体制提出的背景以及新体制的特征。

一、我国经济发展面临国际经贸新局势

（一）国际生产格局发生了重大变化：以全球价值链分工为突出特点

与20世纪贸易相比，21世纪全球贸易特征发生了重大变化。基于FDI全球流向、厂商生产网络布局和国际生产分工变化的特征，许多学者从不同角度描述这种新的全球生产分工，如全球价值链分工、全球供应链、任务贸易（trade in tasks）、生产分割和碎片化、垂直专业化（Vertical Specialization）、全球化二次解绑（Baldwin，2011）、21世纪贸易等来描述新的全球化生产和贸易特征。

Baldwin（2011）从全球化两次解绑角度来分析21世纪新的贸易特征。第一次全球化解绑原因是交通运输业的发展，使得生产和消费能在地理上有所分隔，但由于生产过程需要大量协调工作，因此生产反而呈现出集聚化特征。在国际经贸来往中，以货物贸易为主。第二次全球化解绑主要动因是信息技术的发展。信息技术发展使得生产管理协调的成本大为降低。生产设计、技术可以在远距离以外的生产基地顺利应用，生产模块化的特征更加明显。在此阶段，国际贸易从过去货物贸易为主到服务贸易、资金资本、技术资本、中间品贸易等各类形态贸易共同快速发展，这种贸易模式被Baldwin（2011）称为“贸易投资服务紧密联合体（trade-investment-service nexus）”。

（二）新的国际分工下，国际投资贸易规则正处于重构阶段

新的全球化特征对服务贸易开放、投资开放提出了更高的要求。以全球价值链分工为特征的新全球化特征下，由于全球货物贸易自由化水平已较高，贸易壁垒相对较低，而投资壁垒和服务贸易壁垒相对较高，因此，21 世纪以来，国际投资贸易规则的变化主要体现是对投资和服务贸易领域自由化提出更高要求，此类规则对一国国内政策影响较大，其影响的范围从“关境上措施”转向“关境内措施”。一国除了要进一步开放服务业商业存在设立和跨境提供服务，在设立阶段开放投资，还要在运营阶段给予外资非歧视性待遇，同时在资金转移自由化、竞争中立、知识产权保护、环境保护、争端解决机制等各方面都提出了更高的要求。

（三）全球经济发展区域分布呈现新格局，新兴经济体快速崛起但仍脆弱

20 世纪 80 年代以来，大量发展中国家开始其工业化进程；20 世纪 90 年代以来，新兴经济体快速崛起，全球经济南北分立情况越来越不明显。发展中国家是近三十年以来全球经济增长的主要动力。全球金融危机后，新兴经济体快速崛起，但仍十分脆弱，经济波动较大，金融相对不稳定。发展中国家虽然经济增长较快，但在全球投资贸易规则制定方面仍处于被动地位。

（四）国际经济政治形势日益复杂，我国推进经济改革的外部压力加大

随着我国经济的快速崛起和发展，西方部分发达国家对我国在其传统主导区域的政治经济影响力有所警惕，在许多经济议题上融入了政治因素，使得我国所面对的国际经济政治形势比过去更为复杂，我国推进国内相关领域改革的外部压力加大，如知识产权保护、汇率体制改革和金融体制改革、国有企业改革等。

二、我国经济发展面临的国内新形势、新挑战

（一）社会主要矛盾发生重大变化，经济结构和发展方式亟须调整

改革开放初期，我国经济发展要解决的最大问题是温饱问题，而在改革开放40年之后，"我国稳定解决了十几亿人的温饱问题，总体上实现小康"[①]，因此经济发展要满足的已不是最基本的温饱问题，而是要满足公众多样化的生活方式需求和高品质的生活品质需求。对于这一新形势，中共十九大报告进行了高度总结。中共十九大报告指出，新时代中国特色社会主义的社会主要矛盾已经转化为人民日益增长的美好生活需要和不平衡不充分的发展之间的矛盾。党中央提出要全面建设小康社会，要满足人民日益广泛的美好生活需要，不仅要满足人民更高要求的物质文化生活需求，还要满足人民在民主、法治、公平、正义、安全、环境等方面的需求。这一社会主要矛盾的变化是关系全局的历史性变化。

一方面，粗放型、要素投入型经济增长方式已不可持续。粗放型经济增长对环境资源造成损害，且随着人口老龄化的加快，劳动力成本攀升，土地和资源成本均呈现高企趋势，粗放型经济增长方式已不可持续。另一方面，过去的增长以制造业为主，服务业发展滞后，服务业领域如医疗、教育等不能满足公众消费需求，公众需要通过增加储蓄，以备未来养老、养病之需；另一方面高收入人群通过各种方式赴境外消费或移民享受更高生活质量。在服务业发展滞后的情况下，经济结构从投资驱动转向消费驱动缺乏制度基础。

（二）加工贸易比重持续下滑，工业制成品比重持续上升，贸易市场更加多元化

改革开放初期，我国加工贸易占进出口总值的比重较高，从1981年

① 习近平.决胜全面建成小康社会 夺取新时代中国特色社会主义伟大胜利——在中国共产党第十九次全国代表大会上的报告.北京：人民出版社，2017.

的6%增长到1998年的53.4%。随着我国各类要素成本的上升,加工贸易比重开始下降,占比由2012年的34.8%下降至2017年的29%,一般贸易占比由2012年的52%上升至2017年的56.6%。在出口产品结构中,工业制成品比重不断增加,其中我国是机电产品第一大出口国,而高新技术产品出口比重也有大幅提升,2017年达到28.8%。在贸易市场方面,我国贸易伙伴更加多元化,与新兴市场和发展中国家的贸易持续攀升。2011年开始,东盟成为我国第三大贸易伙伴,在"一带一路"沿线国家的进出口总额也快速增长,如2017年我国对"一带一路"沿线进出口增长约17.8%,但美国和欧盟仍是第一大和第二大贸易伙伴国。在贸易新业态方面,跨境电子商务、市场采购贸易等贸易新业态快速增长,成为外贸发展的新亮点。2017年,通过海关跨境电商管理平台零售进出口总额达到902.4亿元,增长80.6%①。

(三)我国从引进外资为主,转向引资和对外投资并重的新格局

改革初期,我国以引入外资为主,对外投资受到严格控制,这种情况延续到2004年。2004年我国非金融OFDI流量仅55亿美元,2005年开始,OFDI流量快速上升,到2013年冲破1 000亿美元关口,2015年OFDI首次超过IFDI,2016年达到1 831亿美元,2016年可能受汇率影响因素较大。2017年我国对部分行业如房地产对外投资进行严格限制,加强对企业对外投资的真实性、合规性审查,对外直接投资明显下降,2017年我国对外直接投资1 582.9亿美元,同比下降19.3%。但在存量上,我国对外直接投资存量规模已较大,根据《2017年度中国对外直接投资统计公报》,2017年末,我国对外直接投资存量超过1.8万亿美元,在全球存量排名跃升至第二位。

(四)从开放行业看,我国服务业开放和改革任务艰巨

从过去四十年的开放现状看,我国对外开放的行业主要集中于制造

---

① 中国商务部.中国对外贸易形势报告(2018年春).

业，服务业的开放和改革都相对滞后，在医疗、教育、文化、通信和信息服务方面，我国对外资的开放程度还相对较低。对于部分服务业，单纯的准入政策难以吸引大量外资或者民间资本的投入，还需要其他领域的配套政策，如教师、医生的职称认证，医学院的教学和医院之间的关系等等，而这些领域的改革，牵涉到事业单位的改革，面临的挑战非常大，开放和改革任务十分艰巨。

（五）从区域看，我国内陆承接产业的能力不断提升

改革开放之初，我国开放区域集中于沿海，从开放 4 个沿海经济特区，随后开放沿海城市，这些地区实行特殊的优惠政策。这是与我国改革开放初期出口导向的经济结构相适应的。当时贸易以加工贸易为主，以出口贸易为主的经济活动需要靠近海洋，以低成本的海洋运输费用将货物输往全球。同时，内陆地区基础设施建设尚在起步阶段，运输成本高昂。因此，改革开放初期，中西部地区的劳动力大量到东部城市就业，间接带动中西部人口的经济收入。随着沿海经济水平的提升，内陆地区开发开放的经济红利不断提高，在土地成本、劳动力成本等方面的优势逐渐提升，而内陆地区基础设施不断改善，运输成本和人员往来成本不断降低，内陆地区大量人口集聚的消费市场也颇为可观，再加上信息技术和数字经济高速发展的背景下，部分行业对运输成本敏感度相对较低。因此，内陆地区承接产业的能力不断提升。

三、开放经济新体制的主要内容和进展

面对国际经贸新局势和国内经济结构调整的新挑战，我国提出了系统性的改革和开放要求。2013 年底，中共十八届三中全会通过的《中共中央关于全面深化改革若干重大问题的决定》①明确提出要“构建开

① 中共中央.中共中央关于全面深化改革若干重大问题的决定(中国共产党第十八届中央委员会第三次全体会议通过).2013-11-12.

放型经济新体制”,其中包括了三个方面内容:一是投资体制改革,包括扩大服务业对外开放、对外投资改革、投资审批制度以及投资协定商签;二是加快自贸区建设形成面向全球的高标准自由贸易区网络;三是在区域上,扩大内陆沿边开放,推进丝绸之路经济带、海上丝绸之路建设,形成全方位开放新格局。2015 年 5 月,中共中央和国务院发布《关于构建开放型经济新体制的若干意见》,全面阐述构建开放型经济新体制的总体目标和总体要求,以及构建开放型经济新体制的十方面内容。该文件涵盖外资和对外投资、贸易、金融、区域全方位开放战略、“一带一路”倡议和安全保障体系等(见图 3-1)。本部分从四十年改革开放经济体制变化的纵向发展角度,阐述我国开放型经济新体制中“新”的主要体现。

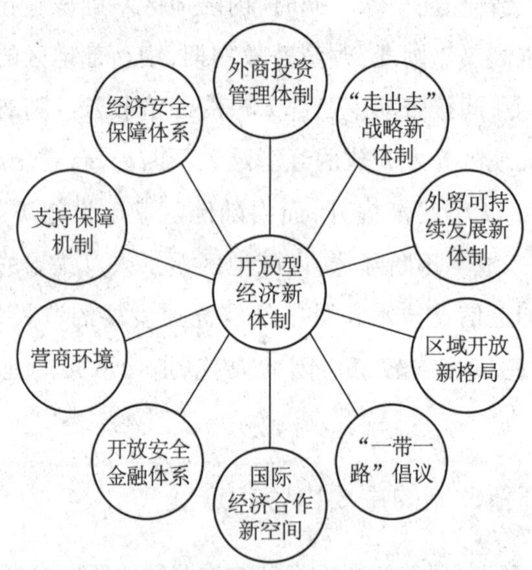

图 3-1 开放型经济新体制主要领域

• 资料来源:《关于构建开放型经济新体制的若干意见》。

(一) 推进投资贸易金融领域的自由化和便利化改革

在开放模式上,开放型经济新体制推进实施外商投资负面清单管理模式,负面清单准入模式对投资开放有高标准要求;另一方面,负面清单准入模式有助于提升开放政策的透明度,同时我国将通过逐渐缩短列表,不断扩大开放度。

从改革开放以来看,1979—1994年,我国对外资的态度从排斥转为积极利用,对外资的限制不断减少,建立了一系列利用外资的法规体系,对外资实施普遍的优惠政策。从1995年开始,我国发布了《外商投资产业指导目录》,将外商投资产业分为鼓励类、限制类和禁止类项目。自1995年《外商投资产业指导目录》发布到2017年底,我国根据不同时期经济发展需要,先后对指导目录进行了7次修订,分别是1997年、2002年、2004年、2007年、2011年、2015年、2017年。2018年6月28日,经过五年的自贸区负面清单试验,商务部和发改委发布全国版《外商投资准入特别管理措施(2018年版)》(负面清单)。根据该文件,2017年6月28日国家发展和改革委员会、商务部发布的《外商投资产业指导目录(2017年修订)》中的外商投资准入特别管理措施(外商投资准入负面清单)同时废止,而鼓励外商投资产业目录继续执行。在开放内容上,过去的开放主要集中于制造业,新体制将重点扩大服务业开放。由于服务业投资程序往往成为准入的壁垒,因此重点推进外商投资审批制度和其他各类行业准入制度改革,从偏重事前审批转向事中、事后监管。

在金融领域方面,过去我国金融机构以国内业务为主,国际竞争力有限,金融市场也刚起步,因此金融开放较为保守。例如以外资新设机构为主,在外资股权比例上进行严格的限制,对外资并购境内金融机构进行严格限制。随着我国金融机构竞争力的逐步增强,金融开放将进一步提升,同时将推进人民币国际化和推进资本项目可兑换,改革和完善汇率形成机制,推动资本市场双向开放。但由于金融改革和开放涉及系统性风险,因此改革推进相对谨慎。

外贸方面实施外贸可持续发展新机制,通过提高贸易便利化水平和各项政策创新和政策国际协调,保持外贸传统优势,培育外贸竞争新优势,实现健全服务贸易促进体系以及实施质量效益导向性的外贸政策,健全贸易摩擦应对机制,维护国内产业企业合法权益。

(二)建立促进"走出去"战略新体制

对应于我国双向投资并重的情况,我国需要建立促进"走出去"战略和服务企业对外投资的新体制。改革开放以来,我国境外投资国内制度从无到有逐渐建立,境外投资管理的目标从严格限制发展至支持鼓励,境外投资国内制度体系不断完善[①]。1978 年,我国才开始允许企业出国办企业,但基于外汇有限,仅个别企业能到境外开办企业;20 世纪 90 年代我国逐渐建立起严格的境外投资审批制度和管理办法;20 世纪 90 年代末,境外投资政策限制措施开始松动,允许企业在境外设立贸易公司或开展加工装配业务;2004 年我国投资体制改革明确企业的投资自主权,境外投资从审批制转为核准制和备案制。

2013 年以来,根据十八届三中全会"落实企业投资自主权,发挥市场配置资源的决定性作用"的要求,企业投资主体地位得以进一步确立,境外投资管理"简政放权"和"放松管制"的改革不断推进落实。2013 年,我国率先在上海自贸区推进实施一般项目对外投资备案制;2014 年,国家发改委在全国推广境外投资项目备案管理制度,同年,商务部在全国推广的境外投资开办企业备案管理制度等。

从目前看,由于我国对外直接投资起步较晚,发展时间短,对境外投资环境的了解渠道相对较少,境外商会协会的网络尚不完善,且我国投资协议签署时间较早,多是以资本输入国立场签署,对海外投资利益的保护能力较弱,因此,在对外投资方面,需要政府在企业商会、中介服务、投资协议和税收协议服务方面提供更多的支持,而政府在这方面的能力也有待改善。

---

① 1978 年以来我国境外投资管理制度的演进可参:董彦岭.我国境外投资促进体系的制度演进分析:1979—2009[J].理论经济研究,2012(3).

（三）要形成全方位开放新格局

基于我国内陆基础设施的改善，以及高速铁路网、公路网和航空网络的提升，我国内陆地区、沿江地区和沿边地区将协调开放，实现东中西协调、陆海统筹的全方位开放新格局。目前，我国第三批7个自贸试验区中，有5个是内陆自由贸易试验区，在对外开放方面已取得了一定成效。

在境外开放区域方面，我国实施“政策沟通、设施联通、贸易畅通、资金融通、民心相通”为主要内容的“一带一路”倡议，深化与沿线国家多领域、多层次的经贸合作。在区域上，“一带一路”倡议与推动我国沿边内陆开放发展的目标是高度统一的，特别是陆上丝绸之路经济带就是拓宽内陆开放的国际通道的重要平台。

（四）积极参与全球治理，拓展国际合作新空间

我国2001年加入WTO，当时“入世”时国内有不少反对意见，但经过十几年的运作，我国“入世”红利明显。根据我国立场，我国将维护多边贸易体制在全球贸易投资自由化中的地位，同时将积极在未来WTO改革中提出主张和立场。但由于多哈谈判停滞，全球区域贸易协议快速增加，我国也需要积极建立高标准自由贸易区网络。2002年，我国开始对外签订自由贸易协定，但最初主要涵盖货物贸易。2013年以来，我国提出要实施自由贸易区战略。2015年11月9日，中央全面深化改革领导小组第十八次会议审议通过《关于加快实施自由贸易区战略的若干意见》，我国对外签署综合性自由贸易协议的节奏明显加快。截至2018年11月，我国已签署自贸协定16个，涉及国家和地区24个，正在谈判的自贸区协定共14个。

（五）完善营商环境和建立开放经济的支持保障体系

在开放经济下，单一的针对外资的各类开放政策已经不足够，投资者，无论是国内还是国外，需要一个稳定、公平、透明、可预期的营商环境，而营商环境包括了各类指标，例如竞争环境、法治状况、税收征管成

本和税收负担、政府管理效率、知识产权保护能力、电力提供、人才吸引能力等。为此,我国许多城市根据国际标准的营商环境要求,积极逐项改善营商环境各项指标,这也是开放型经济新体制的改革内容要求。根据世界银行 2018 年 10 月底发布的营商环境报告,我国营商环境在全球的排名一次性提升 32 位,世行团队认为,中国在开办企业、办理施工许可证、获得电力、纳税、跨境贸易等七个类别的改革中取得了突出进展,表明近年中国改革取得了成效。

与此同时,开放经济新体制还需要开放的人才政策作为支撑保障。随着我国对外开放水平的提升,我国人员进出境来往更加密切,来华工作生活的外国人不断增加,与此同时,全球人才流动明显加快,各国对国际人才的竞争日益激烈。自中共十八大以来,我国持续推进人才体制改革,建立更加开放的人才政策,改革签证政策和外国人永久居住政策,便利人员商务往来,以集聚国际化人才资源,同时通过打造对外开放战略智库,促进国际人文和文化交流。目前,我国已组建国家移民管理局,将公安部的出入境管理、边防检查进行职责整合,由公安部管理,以加强协调移民和出入境管理。

(六)有效管控风险,健全开放型经济安全保障体系

改革开放开始阶段,我国对外开放水平相对较低,且多为竞争性行业的开放,对于影响公共利益的许多领域如教育、医疗并未大幅开放;对具有垄断性行业特点的行业如电信通信、铁路运输等开放程度有限;在金融领域,资本账户受到严格管控,境外金融风险传染至境内的渠道能够得到相当程度的阻断;对外商投资也实行较为严格的审批制度。因此,在相对低水平开放和严格审批外资的情况下,许多涉及公共安全、公共利益的专门审查机制并没有必要建立。

在高标准全面开放背景下,某些特定领域的开放政策可能影响我国国家核心利益,或对我国经济安全和稳定造成威胁,因此需要建立一套

系统完备、科学、高效的开放型经济安全保障体系。安全保障体系主要包括外商投资国家安全审查机制、“走出去”风险防控体系、出口管制体系、产业安全预警机制和金融风险防控体系等。因此,安全保障体系是和开放水平和开放模式密切相关的。对外资越开放,核准程序越简化,各类安全保障制度的重要性就越高。典型的如投资安全审查机制。在改革开放初期,我国外资并购国内企业的情况较少,且执行相当严格的产业政策。因此,国家安全审查一直依附于行业准入审批之中,没有专门的法律法规和审查程序。21 世纪以来,外资并购我国境内企业的情况增加,同时外商投资产业政策不断放松,对外资的开放度越来越高,依附于行业审批的国家安全审核已无法满足保障国家安全的要求,因此我国 2011 年建立了外资并购安全审核制度。随着负面清单管理模式和投资备案制度的推出,基于风险防范考虑,我国 2015 年建立适应于自贸区的外资安全审查制度。不过目前,我国在许多领域的开放程度仍十分有限,安全底线作用的各类安全保障机制尚未发挥其作用。

第二节 开放型经济新体制下的自贸试验区改革

一、国内自贸试验区推进情况

(一) 2013—2018 年,逐步推广、逐步深化改革试验

从 2013 年到 2018 年,我国设立了三批自贸试验区(推进情况如图 3-2所示)。2013 年上海建立首个自贸试验区;2015 年设立第二批共 3 个自贸区,分别为天津、福建和广东自贸区,同时发布上海进一步深化改革方案;2017 年批准设立第三批共 7 个自贸区,这 7 个自贸区除浙江舟山和辽宁为沿海区域外,其他 5 个自贸区分别位于河南、湖北、重庆、四川和陕西,均为内陆地区,2017 年同时发布上海自贸区全面深化改革

方案;2018 年批准在全海南岛设立海南自贸区,并要求逐渐过渡到海南自由贸易港建设,同时在 2018 年还发布了广东、福建、天津等第二批三地自贸区进一步深化改革方案。

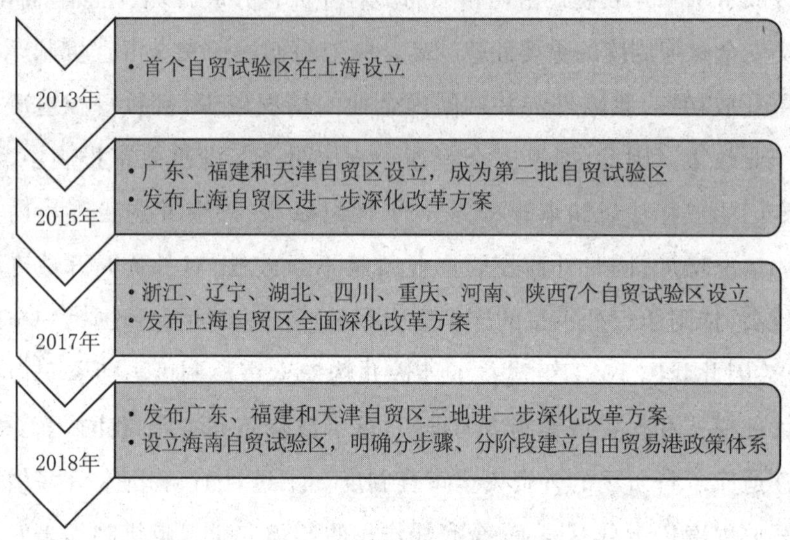

图 3-2　2013—2018 年全国自贸试验区改革推进情况

(二) 不同批次不同区域自贸试验区既有共同定位，亦有特定目标要求

上海自贸试验区作为首个自贸试验区,是在综合领域进行制度创新试点,其改革目标是要对接国际最高标准投资贸易规则,实现国际化、法治化、市场化的改革目标。上海自贸试验区的制度创新框架和改革举措,成为后续自贸区推进的模板。广东和福建自贸区则面对港澳合作和对台交流,浙江自贸区则是要推进大宗商品贸易自由化。其他自贸区都有相应区域开发发展的定位,如天津对应京津冀协同发展和对外开放,辽宁自贸区对应东北老工业基地发展,河南、陕西对应内陆型开放经济和中西部开发开放,湖北、四川和重庆对应中西部地区以及长江经济带的开发开放。

表 3-1 不同批次自贸试验区的定位

自贸试验区	定 位
上海自贸区	综合性开放,制度创新的标杆,对标高标准投资贸易规则
广东、福建自贸区	以广东面向港澳为特点,促进粤港澳合作;以福建面向中国台湾地区为特点,促进两岸交流合作
浙江(舟山)自贸区	推进大宗商品贸易自由化,要成为具有国际影响力的资源配置基地
其他自贸区	天津对应京津冀协同发展和对外开放; 辽宁对应东北老工业基地发展; 河南、陕西对应内陆型开放经济和中西部开发开放; 湖北、四川和重庆对应中西部地区以及长江经济带的开发开放
海南自贸区	面向南海,逐渐过渡到中国特色自由贸易港建设

• 资料来源:笔者总结。

(三)自贸试验区成为地方对接"一带一路"倡议的重要平台

"一带一路"倡议要求地方全面参与,而自贸区作为开放经济试验的高地,对接"一带一路"倡议是其重要改革任务。"一带一路"倡议明确不同区域和省市都要有相应的开放政策和行动计划与之相对接,内陆地区的开放与中西部开发、长江经济带建设联系起来,因此,在第三批自贸试验区中,5 个城市均为内陆自贸试验区。在自贸试验区制度创新领域,对外投资平台和促进体系、金融改革创新制度和贸易便利化制度都与"一带一路"倡议实施密切相关,而重庆、四川成都、陕西西安、河南郑州等均是"一带一路"内陆城市重要节点,也是中欧班列重要节点。

(四)自贸区以原来的主要开发区和保税区为基础

从各地自贸试验区的区位选择看,自贸区多与原来的开发区、新区、保税区重叠,一方面能够实现政策的叠加效应,扩大自贸区改革红利;另一方面以原来开放型产业为载体推进制度创新,有助于在原来开放基础上继续推动改革。

二、自贸试验区改革的主要事项

自贸试验区是我国开放型经济新体制在局部区域的国家试验,是新一轮扩大开放的重要平台。开放型经济新体制的许多改革事项在自贸试验区推进，经试点形成成熟经验后，再逐渐在全国推广复制。

（一）自贸区率先试点负面清单外资准入制度

2013年上海自贸区率先试点负面清单外资准入制度。上海市政府公布实施的《中国（上海）自由贸易试验区外商投资准入特别管理措施（2013年）》（负面清单）成为我国第一份外商投资准入负面清单。2014年，上海市政府发布修订版负面清单，特别管理措施从190项减少到139项。上海自贸区率先试点外商投资准入负面清单管理和投资备案制，为负面清单在全国逐步推进奠定了基础。2015年广东、天津、福建三地第二批自贸区挂牌之后，外商投资准入负面清单由国务院发布。2015年国务院发布的自贸区负面清单中，特别管理措施进一步减少到122项，2017年版的保留措施则继续减少到95项，2018年版减少至45条。因此，从2013年第一张负面清单到2018年，保留措施缩减了150条。2018年6月28日，商务部和发改委第18号令发布全国版《外商投资准入特别管理措施（2018年版）》（负面清单），于2018年7月28日施行。

（二）自贸试验区率先推进贸易便利化改革

2014年6月，上海自贸区率先在上海洋山保税港区启动国际贸易"单一窗口"试点。上海自贸区国际贸易"单一窗口"按照世界各国实践经验建设，将"一个平台、一次递交、一个标准"作为改革推进方向。"一个平台"指企业所有申报行为只面对一个平台，相关部门的监管信息只通过一个平台反馈申报人，各监管部门通过一个平台实施信息共享。"一次递交"指企业只需向平台一次递交全部申报信息及相关材料，已通过单一窗口受理的申报信息，相关政府机构不应再要求企业提交。"一个标准"指各监管部门要求企业提交的单证和电子数据的格式、种类等，应采用统一的标准规范[①]。国际贸易"单一窗口"方便企业随时随

① 上海市口岸服务办公室.上海国际贸易"单一窗口"介绍.http://www.shport.gov.cn/.

地录入申报数据，减少重复录入工作，降低企业成本，大幅提升通关效率。

国际贸易“单一窗口”成为自贸区试验的重要内容和具有标志性的制度创新。在2018年世界银行营商环境评估中，上海重点推荐了上海的国际贸易单一窗口举措。“单一窗口”取消行政性收费，增强透明度并鼓励竞争，压缩了“跨境贸易”的时间和成本。因此，该项举措成为提高上海营商便利程度的重要因素。截至2018年8月，上海国际贸易单一窗口对接着22个部门，已服务27万家企业，处理着全国近1/3的进出口贸易量[①]。2017年底海关总署已向全国推出标准版国际贸易单一窗口。另外，上海自贸试验区的“先进区、后报关”“自行运输”“批次进出、集中申报”等多项海关监管创新制度已率先对接世贸组织《贸易便利化协定》，通关无纸化率从自贸区挂牌时的8.4%大幅提升至90%以上[②]。

（三）自贸区率先落实其他各类开放政策

自贸区负面清单框架下，许多行业的扩大开放率先在自贸区推进实施，特别是服务业的扩大开放。例如上海自贸区共推进54项开放措施，其中第1批23项措施，第2批包括了31项措施，其中涉及建筑业、采矿业、制造业17项，涉及服务业37项。在上海自贸区设立之时，金融开放成为各界关注的焦点，特别是资本账户开放和跨境投融资的自由化和便利化。上海自贸区建立了自由贸易账户体系，为企业跨境资金在岸运作提供了便利，节约了成本，也为上海各类金融要素市场的国际化运作提供了平台。除了投资服务金融领域的开放，在人员进出境便利化方面，自贸区也率先试点，走在全国前列。公安部分别于2015年和2016年实施支持上海全球科创中心建设的12项和10项政策，为上海吸引国际人

---

① 上海国际贸易单一窗口升级.人民日报，2018-8-12. http://finance.people.com.cn/n1/2018/0814/c1004-30226353.html.

② 国际贸易“单一窗口”建设释放更多红利.经济日报，2018-11-20.

才、外籍专家商务往来提供了便利。随后,相类似的政策在其他自贸区进行推广实施。

相对而言,由于各类服务业国内监管制度繁杂,单一的市场准入政策已无法取得明显成效,再加上近年国内外金融形势严峻多变,资本账户开放趋于谨慎和保守,因此目前自贸试验区在服务业和金融开放领域的改革力度显得不如预期。

(四)率先推进政府职能转变,完善事中事后监管和风险防控监管体系

除了对外开放,政府职能转变是自贸区改革和制度创新的重点之一,其核心要求是从过去偏重事前监管转向完善事中事后监管。针对特定风险,建立专门的风险防控体系。在此监管体系理念下,各自贸区积极推进商事登记制度改革和对外投资备案管理制度,促进投资便利化,在逐步放松事前审批的同时,通过信用体系改革、监管信息共享等制度,完善事中事后监管。同时,针对金融风险、国家安全风险和垄断风险,建立适应于自贸区的风险防范体系。

三、自贸试验区改革的特点

(一)取得一定成效后向全国复制推广,以持续释放改革红利

从自贸区设立以来,复制推广工作就是试验试点的基本要求。改革事项经过自贸区试验和各部门意见,经过对比试验、互补试验后形成经验,若负责部门清晰、范围明确、可操作性强,且能大幅提升企业获得感,则商务部会同相关部委,集中推出在全国或全国海关特殊监管区复制推广的改革事项。截至 2018 年 5 月,商务部已经在全国或全国海关特殊监管区推广复制四批改革经验,共包括 153 项改革事项。除此之外,中央各部委还实施其在全国或全国不同批次自贸区复制推广的改革

措施，例如截至2017年，公安部、工信部、海关总署、人民银行、国家税务总局等部委在全国或符合条件的地区复制推广相应领域的改革事项共53项①。地方政府也根据所辖自贸区制度改革创新情况，在本市或本省推广实施相关制度创新措施。

（二）自贸区以制度创新为主，避免成为“政策优惠”的洼地

自贸区设立之时就强调以制度创新为重点，而非政策优惠的“洼地”。例如通过政府不同部门的协调，推出面向企业的各类单一窗口制度，除了国际贸易“单一窗口”外，还包括企业注册登记的“一口受理”模式、出入境管理实施外国人服务“单一窗口”制度等，此外在外汇领域推进经常项目管理便利化，将外汇登记权责下放至银行，便利了企业，同时提高政府效率。所谓的“政策洼地”主要是指通过财税方式吸引投资，是改革开放四十年以来我国吸引外资的主要手段之一，典型代表政策就是2008年以前我国对外资实施的税收优惠政策，显然这种政策优惠措施已经不适应我国当前的经济发展阶段，既不公平也不具有可持续性。

（三）顶层设计和基层实践紧密互动，中央和地方共同推动制度创新

相比较之下，过去各类开发区建设以基础设施建设和配套为核心，以招商引资为重点工作，因此大部分改革事项由地方政府推动。但此次自贸试验区改革无法采用类似的改革模式。在服务业开放、金融开放、投资开放以及风险防控体系建立等各个方面，事权集中于中央各部委。因此，一开始就明确自贸试验区是国家试验，在自贸区试验的各项改革中，中央部委和地方政府的互动、顶层设计和基层实践创新的联动成为此次改革的重要特点。

---

① 各部门自行复制推广的改革试点经验汇总表（53项）．商务部网站，2017-03-14. http://wzs.mofcom.gov.cn/article/zt_zymysyq/column04/201703/20170302533745.shtml.

第三节 开放经济体制的经验总结和展望

一、四十年开放经济体制建设的经验

（一）开放总体方向不变，开放需要国内改革相配套，二者互为促进

无论是经济学理论还是我国开放政策实践均表明，对外开放的总体战略目标是对的，开放能促进国内竞争，突破市场垄断，提升各行业的生产率，提升国内技术水平；开放能推动政府改革，促进市场化改革，提升营商环境；能提高国内消费者福利，同时增加就业，提升人民生活水平等。但开放和改革都不可一蹴而就，开放红利的释放需要改革相配套，包括国有企业改革、税收制度改革、中央地方分权制度改革等。某些领域开放政策若缺乏国内改革配套开放政策就无法真正落地或无法推广。

（二）根据企业实际需求和经济效益，以渐进方式推进具体改革措施

相对于发达国家，我国的政府监管制度和法律基础较不完善，多数领域的开放和改革无法一开始就制定出台一套完整的方案。因此，“摸着石头过河”“走一步看一步”“成熟一项推进一项”的渐进式改革方式是我国改革特征，也是我国改革开放稳步推进而未发生重大经济危机的重要原因。

（三）从局部试验到全国推广

无论是过去各类开发区和新区建设还是当前开放经济新体制下的自贸试验区建设，都一定程度上遵循从局部试验到全国推广的思路。一方面集聚各方面资源集中建设；另一方面，通过多地试验实现一定程度的地方竞争，形成最佳实践，为体制改革创造良好环境。同时，局部试

验能控制可能出现的风险或纠正错误做法，避免造成全局性且不可逆的影响，确保改革的持续性。

（四）对接国际规则，加大国内改革的外部压力

2001年入世以来，我国对接多边贸易体制推动了国内各项开放和改革。2013年以来我国积极推进高标准自由贸易协议谈判，推进中美中欧的投资协议谈判，虽然中美中欧投资协议谈判搁置，但国内自贸区以对标国际高标准投资贸易规则为目标，积极推进投资服务和贸易自由化改革，已经取得了积极的成效和进展。

二、改革面临的挑战

（一）自贸区继续升级改革，还是完成试验的使命？

上海自贸区设立以来，大部分改革事项已完成，未完成落地的改革事项多与改革事项本身有关，例如某些制造业开放措施在自贸区没有企业载体能落地实施，一些改革事项如资本项目开放需要等待恰当时机。因此，下一步自贸试验区深入改革面临如何推动的问题，例如对于负面清单制度，目前全国版和自贸区仅有3项特别管理措施不同，其中两项措施如石油和天然气开采、核燃料和核辐射加工业领域基本上不会在自贸区落地实施；其他一些具有自贸区标志性的改革事项如国际贸易单一窗口已在全国推出标准版，自贸区面临下一步改革何去何从的问题。这需要对自贸区的改革创新领域进行重新定位，在重新定位的背景下，地理区域划分也需要重新考虑。对于一些改革创新，若地方有权推进，那么率先在自贸区实施的必要性就大为降低；若中央相关部委要继续对新开放措施进行压力测试，那么自贸区就需要被赋予新的改革事项和任务。

（二）服务业政策集中于中央部委，影响地方政府积极性和能动性

在开放型经济新体制中，开放领域集中于服务业开放和金融开放，

这些领域多受到严格行业监管，而行业监管权力基本上集中于中央各部委。因此，大部分改革事项需要得到部委同意，各类实施细则也需要中央各部委批准，地方政府推动制度创新的积极性和能动性受到影响。若改革方案有详细的任务列表，促使中央相关部委推进改革，则改革事项碎片化问题就会非常突出；若任务列表不够清晰或较为模糊，最后落地事项可能仅仅为其中一小部分内容。随着全国自贸区数量的增加和服务业开放任务的增加，地方费力“跑部”推动制度创新的积极性可能会受到更大影响，改革推进步骤可能会不如预期。

（三）一些改革事项不适合在小区域内实施

过去开发区模式的开放发展主要通过税收政策快速集中各类资源，包括行政资源、人力资源、投资资金，从而吸引企业。在新的开放经济下，我国各地产业已形成一定基础，大型城市的城市化进程已基本完成，人口聚集区域基本定型，在此背景下，无论是生产型还是生活型服务业都需要根据城市发展现状来确定其区位，因此局部地区暂时性试验政策的可行性将存在一定问题。同时，开放经济新体制下的许多改革事项，如人才开放政策、营商环境改善政策、对外投资服务政策没有必要在小区域内实施。

（四）地方政府改革的激励机制问题

在过去投资驱动型的开发开放过程中，地方政府积极推动各项改革，其中一个动力在于，其建设的开发区和企业集聚是其政绩的外在体现。在开放经济新体制中，一些改革任务很难体现地方政府政绩，例如促进企业对外投资和国际化运营，企业业绩要若干年后才出现，甚至有可能出现本地对外投资企业雇用人数减少的情况；一些改革（特别是制度创新）要一定时间才能显现，无法立竿见影，例如医院、学校从投资设立、运营到产生效益需要相当长时间，许多改善营商环境的举措也需要一定时间。当前行政体制下，地方政府官员频繁换人，任期短期化，这一定程度可能限制地方政府官员在特定领域推进改革的动力和积极性。

（五）全方位开放下的区域协调和差异化发展问题

在新的经济发展水平上，中西部地区以及相对落后地区的开放发展不能也没有必要复制沿海地区的发展模式。一些区域适合重点发展旅游业、一些区域适合重点发展农业，各地应该因地制宜，制定其发展的路径。对一些产业而言，如农业、畜牧业、旅游业，最大市场是国内市场而非境外市场。因此，对中西部而言，对内开放可能比对外开放更重要，投资领域的开放比传统贸易领域的开放更重要。因此，单纯的产业承接转移和沿海发展模式复制并不合适，发展陆上丝绸经济带的贸易也并非必然选项。

（六）本国产业利益信息收集和对外经贸谈判主张的形成问题

由于长期以来，我国缺乏完善的行业监管政策，行业商会发展方面相对滞后，这使得我国在对外谈判中，行业性准入和监管政策的立场和主张较为模糊，对外谈判的立场和主张缺乏基础，不利于我国推进高标准自由贸易网络建设。

三、未来改革方向建议

（一）建议自贸试验区在改革内容和地理区域范围上继续拓展和扩大

建议以城市或省（直辖市）为单位推进开放型经济新体制改革，这将有助于许多领域改革的真正落实推进，如知识产权保护、人才制度改革、医疗体系改革和医疗服务开放、国企改革等。另外，地方政府的改革试验方案可根据其地方产业发展需求和所在区域特点，创新更具特色的制度。这种做法一方面有助于落实更高水平和标准的开放措施，另一方面有助于地方政府进行一定程度的制度创新竞争。

（二）推进中央地方的分权制度改革，加大地方政府改革积极性

建议在具体服务业领域，如特定类型教育，在试验区域(比现有自贸区更广的试验区域)内试验新的中央地方事权分权，建议将相关领域事权进行一揽子放权，提高地方政府改革自主性和积极性。与此同时，推进分税制改革和深化地方分权改革，让地方政府更关注于当地企业的发展，而非注重短期的形象绩效表现。开放经济新体制的改革需要更广泛意义上的国内改革相配套，特别是中央地方分权制度。笔者认为，过于碎片化的改革任务不利于改革的整体推进，而当前许多改革需要多方面综合推进，需要更加精细化、精准化的公共管理改革配套。

（三）综合推进服务业改革

服务业的开放必须与国内改革同时推进，需要政府率先主动改革，而“以开放倒逼改革”的力度有限。在一些服务业中，改革需要是综合性的，例如医疗服务业需要与医学院教育、医务人员资质认定和职称认定制度、医疗保险制度等挂钩，还需要与事业单位改革同时推进，通过开放促进服务业改革存在一定局限性。

（四）推进行业协会改革

随着政府职能从事前审批转向事中事后监管，行业规范标准和行业自律监管能力越来越重要，同时行业商会是提出行业利益主张的重要机构，也是企业走向国际化运营的重要中介服务机构，同时在国际贸易摩擦中也离不开行业协会商会的作用。因此，要积极推进行业协会管理制度改革，形成能有效为企业和政府沟通信息的行业协会和商会。

总体而言，笔者认为，开放经济新体制的实现需要系统性、综合性的国内改革举措相协调推进才能真正落地实施，这是长期而相当有难度的改革任务，可谓“任重而道远”。

第四章
探索建设自由贸易港

从自贸区到自贸港是我国改革开放不断探索创新的新举措，是扩大开放不断升级深化的重要标志。海南自贸港是中央赋予海南经济特区改革开放的新使命。海南自贸港是中国适应经济全球化新形势，实行更加积极主动的开放战略，致力于探索建立开放型经济新体制，把海南打造成为我国面向太平洋和印度洋的重要对外开放门户。海南自贸港打开了中国探索自贸港的先河，对其他地区建立自贸港具有重要的启示意义。

第一节　自由贸易港概况

自由贸易港是一国对外开放的重要举措之一，自贸港是开放的高地，相对于其他地区开放水平更高，是一国对外开放的窗口和样板。全球有一些城市成为自贸港后开放度明显提高，在全球形成了较大影响力，对地区和国家经济发展起到了积极作用。

一、自由贸易港的概念

自由贸易港的定义与自由贸易区的接近，自贸港是指设在国家与地区境内、海关管理关卡之外的，允许境外货物、资金自由进出的港口区。自贸港既是一个货物港，又是一个资金港，兼顾货物进出和资金流动的自由，而资金流动自由是为了服务货物流动[①]。货物和资金的双向自由

① 屈军，刘军岭.我国自贸港区建设路径研究：国际经验与启示[J].海南金融，2018(4).

流动是自贸港一个重要特色。自贸港对进出港区的全部或大部分货物免征关税,并且准许在自由港内,开展货物自由储存、展览、拆散、改装、重新包装、整理、加工和制造等业务活动。目前排名世界集装箱港口中转量第一位的是新加坡港,第二位是中国香港,这两个港口均实施自由港政策,吸引大量集装箱前去中转,奠定其世界集装箱中心枢纽的地位。因此,自贸港从功能上是服务于货物贸易,其中转口贸易和加工贸易是自贸港的核心业务。根据传统的自由贸易港定义,打造自贸港要聚焦货物贸易,为货物贸易提供便利措施。但是,在新形势下,中国提出的海南自由贸易港既有传统自贸港的内涵,又被赋予新的意义,海南要打造成中国新时代全面深化改革开放的新标杆,彰显中国扩大对外开放,推动经济全球化的决心。所以,自贸港在中国既有扩大开放的意义,又有深化改革的内涵。

二、全球主要的自贸港

(一)新加坡港

新加坡港是全球著名的自由贸易港,是亚太地区最大的转口贸易港,是连接太平洋和印度洋的航运要道。新加坡港历史悠久,从13世纪起就在国际贸易中发挥着重要的中转作用,是全球最繁忙的中转港口之一。港与区相结合,互动发展是一大特色。新加坡港内有自由贸易区,面积为4.05平方千米,码头岸线长达4.83千米。过境货物仓库为12万平方米,露天堆场为8.4万平方米。新加坡港在新加坡具有重要地位,不但是新加坡的经济中心,还是新加坡的政治中心、交通中心和文化中心。新加坡港已经成为新加坡最突出的代表,新加坡自由贸易港无疑是最为成功的自贸港。

新加坡港作为全球知名的自由贸易港之一,其成功不但得益于自由化的政策,还得益于得天独厚的地理位置。新加坡港毗邻马六甲海峡南口,南临新加坡海峡的北侧,属于重要的海上交通枢纽。虽然地理位置是新加坡港发展自贸港的先天优势，但是，不可否认新加坡政府也为推动新加坡港的建设和发展起到了至关重要的作用。主要包括以下三个方面：第一是关税，零关税是自贸港的通行政策。早在20世纪60年代，新加坡港就对大部分货物实行零关税。由于转口贸易居多，因此零关税政策是新加坡港持续发展的基础。第二是管制，管制水平关系到自贸区的便利化水平，新加坡港规定关于进出口商品的管制要尽量放松。在进出口商品的管制上，新加坡港只对少数涉及国家安全的产品实行规管，是比较自由化的港口。如果将新加坡港和中国香港的管制相比，商品进出新加坡港的行政程序及审批手续仍较香港为多，但是从整体水平上看，新加坡港的管制低于全球平均水平。第三是配套设施，完善的配套设施是自贸港的综合竞争力之一。新加坡港的优势既在于其深水港的硬件措施，又在于其良好及完善的信息科技配套，为贸易商提供了便利，同时达到完善的监管。

新加坡港的综合能力也非常强，除了海运之外，空运也非常发达。空港联运是新加坡港的又一个重要特点。经济全球化的发展为空港联运创造了历史性的条件，通过海运和空运的配合与衔接，可以充分利用两种运输方式的优点，满足用户的特殊需求。空港联运虽然在经济效益上没有给新加坡带来可观的箱量和收入，但是其确实能够满足部分客户的应急需要。这在一定程度上，提升了客户对新加坡港的信任度和新加坡作为国际航运中心的知名度。另外，新加坡港还在炼油、船舶修造等方面具有较强的产业优势。因此，新加坡港既是一个重要的港口，又有一定的产业配套，港口与产业实现了联动发展。

（二）中国香港

中国香港的开放时间久，自贸港是香港的重要特色和名片。香港自贸港成立于1841年，是全球最自由、最开放、功能最多的自由贸易港[①]。

---

① 郭兴艳.香港：全世界最开放的自贸港[J].中国中小企业，2013(9)：70—71.

中国香港是对外开放程度和贸易依存度都很高的贸易港,香港自贸港功能特色经历了转口贸易、加工贸易和复合转口贸易三个阶段。中国香港地区的发展很大程度上得益于自贸港的战略定位为其带来的自由开放的理念和发展环境。中国香港以自由贸易港为定位,吸引了大量的货物贸易,并以货物流带动服务流、资金流等形成了多个溢出效应渠道。香港提供的不仅是货物的自由流动,还包括自由通航、自由通信、自由兑换和人员进出的便利等,为工业、贸易、金融、房地产、旅游、信息等行业提供优质的配套服务,被誉为“亚洲四小龙”之首。①

香港自由贸易港的主要特征表现在以下三点:

一是贸易自由。香港作为著名的自由贸易港在政策上也包含了通关的自由便利和关税税率低两个基本特征。第一,便利化程度很高。从总量上来看,香港对进出口自贸港的货物只有很少部分需要向政府报批;从通关手续便利化上看,进出口贸易办理手续的流程十分简单,一般只要在货物进出口 14 天内报关,无须事先批准且报关所需文件很少;从管制范围看,香港对进出口贸易基本上没有管制,对进出口的一般商品不设关税或非关税壁垒,同时实行非常公平和中立的政策,对本地厂商出口商品没有额外优惠。第二,税率低、透明。全面的零关税是香港的独特优势之一。在货物管制方面,除了酒类、烟草、碳氢油类及甲醇外,所有进出香港的货物都无须缴付任何关税,所以,大部分商品贸易都不用进行关税评估。此外,香港也没有其他附加税,只有极少数的非关税管制措施,进出口签证主要是出于保障公众健康、安全、保安或履行国际承诺而设立,大部分产品均无须申请任何文件便可自由进出香港。②

二是金融自由。中国香港地区是全球金融中心,也是其优于新加坡港的重要特征。金融中心与贸易中心相互推动:第一,资金进出自由,1973 年和 1974 年中国香港地区取消了对外汇和黄金的管制,1978 年

① 王胜,康拜英,韩佳等.香港自贸港发展浅析与借鉴意义[J].今日海南,2018(5).
② 黄思华.自贸港建设内涵及潜在影响刍议[N].上海金融报,2018-1-19:A15.

又取消了对外资银行的准入限制，香港实行的是资本账户完全开放，资金自由是金融开放的前提条件。金融市场开放资金自由是建立国际金融中心的必备条件，在香港自由化政策的吸引下，大量外国资本流入香港，构成了香港强大的融资市场，对贸易和其他行业的发展都有重要影响。第二，金融机构开办和经营自由，中国香港地区对内外资企业一视同仁，本地银行和外资银行享受完全平等的待遇，对外资没有限制，即使是公共事业也有大量的私人投资。除了在政策上给予外资完善的充分的保障外，汇率制度上也不实行外汇管制，从1983年起即采取与美元挂钩的联系汇率制度，多层措施并举推动自由高效。

三是市场环境自由。香港特区政府的政策是便利营商、市场竞争。香港特区政府充分利用自由市场调节价格，所有的商品市场、劳动力市场、服务市场等都依赖于市场的价格调节机制。突出强调遵循供求规律对经济发展的制约，除个别极端情况下，政府一般不干预市场，充分让市场在资源配置中发挥作用。香港基于自由市场经济中的自动调节机制，实现各行各业各企的充分自由竞争，以竞争倒逼企业倒闭或破产，实现优胜劣汰，这一市场机制保障了香港经济的合理有序运行。①这种自动调节、自由竞争的市场机制是香港多年国际化发展的结果，也是中国香港地区经济能够快速适应国际市场环境变化的原因。敬畏市场，对市场时刻保持灵活应对，香港自贸港就是这样在自由的环境中不断成长和发展的。

第二节 建立自贸港需要具备的主要条件

自贸港不是一个孤港，而是要和地区经济、世界经济产生深刻的联系才能发挥最好的效果。从自贸港的概念、内涵，以及对比国外自贸港

① 郭兴艳.香港：全世界最开放的自贸港[J].中国中小企业，2013(9)：70—71.

的发展经验可以看出,自贸港的成立需要一定的主客观条件。只有在符合一定条件的地区建立自贸港才能最好地发挥自贸港的优势,否则自贸港即使成立了也难以取得成功。

一、优越的地理位置

自贸港作为一个贸易港,其最基本的功能是贸易,最重要的条件就是地理位置。一般来说,自贸港在地理位置上,应当临近主要的交通枢纽,比如新加坡毗邻马六甲海峡,而马六甲海峡是非常重要的一个海上枢纽,途径的大量货物为新加坡港提供了丰富的货源;香港与深圳、广州紧密相连,是珠三角的重要交通中心,内地的大量货物为香港的繁荣奠定了基础。从现实需要看,自贸港是货流、资金流、人流和信息流的集聚地,必须具备高度便利的海陆空交通。一般而言,自贸港都有"港"的元素,可以是海港、口岸,也可以是空港①。从已有经验看,中国香港、新加坡港等自贸港都是海运与航空的交通枢纽。中国要建设全球有影响力的自贸港,在地理位置上也应选取交通便利的要道。比如,上海、广州、天津、宁波等港口城市都有交通上的便利性,既有港口又有机场,地理位置优越。

二、深厚的经济腹地

繁荣的经济是自贸港大发展的重要基础,自贸港不是花瓶也不是盆景,港口货物流小、信息流小、资金流小,达不到繁荣的程度就是失败的。世界上有很多地方交通便利,却并未形成自贸港,主要原因是缺少经济腹地的有力支撑。自贸港要和周围的经济相联系,有辐射才能发挥好自贸港的积极作用。深厚的经济腹地应该有能力为自贸港提供源源不断的货流、人才、资金,从而带来大量的转口、服务、厂房等市场需求。

---

① 魏建国.自贸港不是自贸区的简单升级[EB/OL].中国经济网. http://www.ce.cn/xwzx/gnsz/gdxw/201801/25/t20180125_27894435.shtml.

同时，自贸港集聚的国内外高级生产要素渗透到周边的经济腹地，也会对经济腹地起到溢出和带动作用。中国香港地区、新加坡都有这样的功能，这也是设立自贸港的重要目的之一。自贸港不是简单的一个贸易功能，它需要周边的区域相互配合，以周边经济的发展带动自贸港，自贸港在发展壮大后又会对周边经济产生正向的影响。新加坡港、中国香港都表现出这样的特征。比如，新加坡港有贯穿马六甲海峡的繁忙的货物流作为其经济腹地支撑，同时，新加坡也有炼油、化工等优势产业，新加坡的经济发展源源不断地支持了新加坡港的发展。同样，全球比较大的港口都背靠经济相对发达的城市，比如我国的深圳港、广州港、青岛港，韩国的釜山港，美国的洛杉矶港等都是如此。因此，自贸港不是一个独立的经济区域，而是需要与周边有广泛联系，深度合作的区域。源源不断的货物流是自贸港持续发展的基础，拥有较强经济发展水平的腹地既有助于为自贸港提供更多出港货物，也有利于吸引更多的来港货物，促进自贸港的繁荣，带动资金流、人才流。

三、自由的人文环境

自贸港要成为开放高地，就要促进要素自由流动，尤其是人才的流动。除了地理、经济等方面的硬条件，建设好自贸港还需要一系列包括政治、文化等软条件，这些条件已经成为决定一个自贸港能否长久发展的重要因素。第一，政治稳定是自贸港健康发展的首要软条件。没有稳定的政治环境就没有良好的营商环境，频繁的政权更迭、武装斗争等不但导致国内企业发展停滞，也可能导致国外企业选择避而远之。因此，要想发展好自贸港乃至国内经济，先决条件就是政治稳定。我们没有看到哪个国家在政治动乱中能够实现开放发展。第二，文化氛围对于自贸港的发展也非常重要。自贸港的特点之一就是自由，这种自由包括文化上的自由和包容，要对不同文化有秉持包容并蓄的态度。只有文化上的包容才能吸引不同国家和地区的人才，纵观各地自贸港也可以发现，自贸港所在城市都是开放地区，是一国开放程度较高的城市。资金和人才都向往自由的氛围，因此自由和开放的文化氛围是建立好、发展好自由贸易港不可或缺的条件。第三，完善的法律制度是自贸港良好发展的保障。自由和法制并不矛盾，相反，良好的法律制度是维护自由开放环境的重要保障。法治环境一定程度上反映了政府治理能力和社会的开放程度，良好的社会秩序对于外资和外企具有很大的吸引力，有助于企业进行长期的战略规划。只有法律健全、社会诚信，外资、外企才有信心将资金、技术、商品等流入自贸港，因此，法律基础也是重要的软条件之一。

第三节　我国提出自贸港的国内外背景

从2013年9月29日批准上海成立全国首个自贸区以来，自贸区于2014年12月12日进行了第二次扩容，广东、福建和天津纳入了第二批自贸区，2016年8月31日，第三批自贸区扩容至辽宁、浙江、河南、湖北、重庆、四川和陕西7个地区，在全国形成了“1＋3＋7”的自贸区格局。2018年4月11日国务院发布了《中共中央国务院关于支持海南全面深化改革开放的指导意见》，提出探索建设中国特色自由贸易港。自贸港首先由海南开始探索，同时，上海、广州等地也在积极申报自贸港。在自贸区蓬勃发展的背景下，提出建立自贸港有什么时代特征和内涵要求呢？

一、国际环境复杂多变

近年来，国际环境发生了深刻变化，从经济到地缘政治等多个方面出现了新的特点。世界经济不断分化，美国经济虽然出现好转，但是全球经济增长仍然乏力。逆全球化抬头，以美国为首的单边主义不断冲击多边贸易体系，自由贸易经受巨大考验。在保护主义下，国际产业转移也出现了新变化，中国经济的转型升级与全球产业转移紧密相关。

（一）世界经济出现复苏态势

2017年到2018年世界经济增长明显好转，尤其是国际贸易增速大幅回升。根据世界贸易组织(WTO)的统计，2017年全球货物贸易增速达到了4.7%，并预计2018年全球贸易将持续复苏[①]。在全球贸易复苏的前提下，各国纷纷推出刺激性的出口政策，导致国际市场竞争加剧。市场竞争加快进一步推动市场需求的扩大，国际贸易呈现了良好的势头。尤其是2008年全球金融危机后各国都试图通过出口来拉动本国经济增长，包括西方国家的再工业化道路的目的之一也是通过提高产业竞争力带动出口。比如，美国提出制造业回归；日本于2017年6月发布了《制造业白皮书》调整制造业以应对贸易赤字的增加；欧盟也提出制造业重振；印度也出台了一系列的出口刺激政策，力保出口增速。各国对出口的刺激，不同程度上从供给侧刺激了全球贸易增长。因此，从贸易和整体经济情况来看，世界经济回暖，为建立自由贸易港创造了有利条件。

但是，特朗普上台后，美国的贸易政策发生了重大转变，美国开始了走贸易保护主义之路。与中国、欧洲、北美等多个国家和地区发生了贸易摩擦，宣布退出跨太平洋贸易伙伴关系(TPP)，重新谈判北美自由贸易协定(NAFTA)，尤其是从2018年3月起，中美贸易摩擦不断升级。6月15日，美国宣布对来自中国的500亿美元的商品征收25%的高关税，中国被迫推出同等的500亿美元的清单；9月18日，美国又加码到2 000亿美元，中国再次被迫开出600亿美元的征税清单，后续中美贸易摩擦可能持续升温。中美贸易摩擦已经成为不争的事实，中国明确提出不希望打贸易战，愿意以更大的开放推动自由贸易，坚决维护多边体系。海南自贸港的成立实际上也显示了中国进一步扩大开放的决心，传达了

① 新浪网.WTO：上调2018年全球贸易量增长预期至4.4%.http://finance.sina.com.cn/7x24/2018-04-12/doc-ifyzeyqc1428230.shtml.

中国愿意更大程度开放、放宽更多市场准入、优化公平竞争环境的态度。

（二）经济全球化遇阻

随着国际直接投资的快速发展，经济全球化出现了新变化，国际直接投资超越国际贸易成为世界经济运行的主要特征，全球经济制度不断深化。国际直接投资在渗透性、流动性上都比国际贸易要求高，需要更多的标准予以规范，传统的以国际贸易为核心的经济制度安排需要相应地调整，必然要求全球经济在制度层面上的深化。在新一轮经济全球化下出现了以国际贸易为基点的全球市场深化，世界贸易组织本应随着市场深化而进行制度深化以适应世界经济的变化，但是全球化却出现了逆转的现象。

2016 年是全球化发展受阻的关键性年份，以英国脱欧和特朗普赢取美国总统大选为标志，全球化发展出现了诸多的不确定性，逆全球化思潮再起。过去四十年中国改革开放为中国经济取得的成功在于，积极融入全球化，顺应经济全球化的发展趋势。以引进外商投资推动出口加工贸易，中国成为了“世界工厂”，中国制造风靡全球。但是，全球化遭遇到了新挑战，美国举起了逆全球化的大旗。美国不断做出的退群行为，引起各国的不满。先是退出跨太平洋贸易伙伴关系（TPP），再是宣布重新签订北美自由贸易协定（NAFTA），还扬言退出世界贸易组织（WTO），等等，美国的一系列举动都表明其逆全球化态势。美国希望制造业回归，进而增加美国的就业，但是在全球化的背景下，各国发挥的是比较优势，将设计、研发、生产、售后等全产业链都在美国完成既不现实又不经济。但是，特朗普一意孤行将美国优先放于首位，不顾世界经济可能因为逆全球化而遭遇挫折，未来经济增长将面临巨大挑战。在这样的背景下，中国经济发展的外部条件可能发生深刻变化，政府需要在战略上进行全方位的设计和谋划，以提高应对各种冲击的能力。所以，海南自贸港提出的重要背景就是逆全球化不断加剧，经济全球化遭受挫折，世界经济可能因此陷入困境的时期。

（三）国际产业转移

上一轮全球化发展的重要成果就是产业的国际转移。产业的国际转移是资源优化配置的结果，促进了效率的提升，跨国公司通过对外投资在全球布局价值链，国际产业转移成为了重要趋势，中国的发展也得益于承接了全球的产业转移。中国从一个农业国变成了制造业大国，制造业占中国出口的比例从2002年起一直在90%以上，制造业在中国的崛起得益于全球产业转移，一大批纺织、家电、机械制造等成熟产业从发达国家转移到中国，与中国丰富的廉价劳动力相结合，形成了中国以制造业为主、以外资为主导的出口结构。但是，近年来随着中国的人口结构变化和人均收入提升，中国劳动力成本不断上升，以纺织服装为代表的劳动密集型产业开始从中国向东南亚国家转移。

传统的劳动密集型产业从中国转移出去是大的趋势，这既是中国的产业转型升级的内在要求，也是中国要素禀赋结构变化使然。产业的国际转移既可能导致国内产业空心化的风险，也可能对中国经济的转型升级起到一定的倒逼作用。要保持经济的平稳增长，在原有产业转移的同时，需要有新的产业被培育出来以填补原有产业的空白。因此，国际产业转移方向的变化与中国经济转型发展的大背景相一致，在这样的背景下怎么更高水平地开放，利用外部资源非常重要，自贸港无疑可以满足这一需求。

二、国内经济转向高质量

中共十九大报告明确提出中国经济从高速增长阶段转向高质量发展阶段，经济发展要聚焦高质量。在这一重大判断之下，不论是自贸区还是自贸港，其发展定位都要紧密联系高质量，以高质量为要求统筹谋划。

（一）自贸区建设为自贸港发展创造了基础

从2013年9月29日，中国（上海）自贸区成立以来，在全国其他地区先后成立了第二批（3个）和第三批（7个）自贸区，形成了“1+3+7”

的自贸区格局。自贸区涉及的范围包括11个省市，横贯东南西北，形成了全面纵深推动开放发展、制度创新的局面。近五年的探索试验，中国的自贸区建设形成了一系列可复制、可推广的先行先试经验。自贸区的定位是制度创新，对标的是国际高标准，包括了负面清单制度、政府职能转变等多个方面的创新。自贸区中通常都有海关、边检等，自贸区在创新探索上的部分内容也能在自贸港适用，比如单一窗口管理、自贸账户、便利化的通关措施等成功经验对于建立自由贸易港都有重要借鉴意义。

我国的11个自贸区分布在不同的省份，经济发达程度有差异。自贸区探索的经验具有更高的可适用性，在海南乃至其他地区新成立的自贸港可以因地制宜对政策进行有取舍的吸收。因此，三批自贸区的探索为未来推动自贸港发展提供了诸多制度创新的经验，可以使自贸港建设少走弯路，有助于自贸港建设快速走上高质量的发展道路。

（二）高质量发展阶段的内在要求

中共十九大报告明确指出，我国经济已经由高速增长阶段转向了高质量发展阶段。全面开放新格局的题中之义也是要以开放推动经济发展质量的提升，以高水平的开放引进高质量的外资，获取高级的生产要素，助力转型发展。从国际直接投资的角度看，由单向引进外资到双向投资布局是开放型国家发展的重要规律，中国的改革开放也是从单向引资走向了全面开放，经济发展从重速度转向了重质量。2003年中共十六大报告中明确提出实施“走出去”战略是对外开放新阶段的重大举措，对外投资首次被作为战略提了出来。2007年中共十七大报告提出“走出去”与“引进来”并重。2012年中共十八大报告强调推进双向布局，构建开放型经济新体制。2015年，十八届五中全会通过的《十三五规划建议》中明确指出“完善对外开放战略布局，推进双向开放，促进国内国际要素有序流动、资源高效配置、市场深度融合”。对外开放的战略布局从引进外资走向了双向开放。2017年中共十九大报告将开放战略提升到了形成全面开放新格局，提出创新对外投资方式，促进国际产能合作，形成面向全球的贸易、投融资、生产、服务网络，加快培育国际经济合作和竞争新优势。

高质量发展同样也要求国际贸易能够提质增效，中国过去40年改革开放取得了伟大成就，未来的高质量发展仍然需要进一步扩大对外开放，以开放推动经济的转型升级。自贸港是继自贸区后的开放新举措，高质量发展阶段也是自贸港的必然要求，这意味着自贸港的起点要高。自贸港建设在高质量发展阶段的定位下，势必推动经济向更高层次上发展。

（三）改革开放再出发的题中之义

开放是中国经济取得成功的重要经验，未来中国经济发展仍然离不开世界经济。2018年4月10日，习近平在出席博鳌亚洲论坛年会开幕式并发表重要主旨演讲时指出："改革开放是中国和世界共同发展进步的伟大历程。""中国开放的大门不会关闭，只会越开越大！""实践证明，过去40年中国经济发展是在开放条件下取得的，未来中国经济实现高质量发展也必须在更加开放条件下进行。"这些意味着习近平向世界宣示了中国改革开放再出发，未来中国经济的高质量发展仍然离不开改革开放，深化改革开放有助于推动经济的高质量发展。第一，扩大开放领域。中国的开放领域与发达国家相比还有一定差距，对外开放领域还有扩大的空间。尤其是文化、信息、教育、医疗服务、社会服务等产业与国际水平相比，国内相关产业发展滞后，同时也是开放程度比较低的领域，因此亟待扩大开放，以开放倒逼改革、以开放带动发展。第二，从中国的开放历程看，不断扩大开放领域也是历史的经验总结。中国的开放首先由特区开始，先在一个小区域尝试开放，再逐步扩大到沿海地区，最终向全国推广。当前，在制造业大发展后，必须提升服务业的发展，服务业开放是中国对外开放必然面临的重大课题。与此同时世界经济也在向服务化和网络化发展，中国经济需要升级工业化、发展服务业，要借鉴历史经验,逐步推动服务业扩大开放。第三,顺应世界经济发展,利用国外高级要素是实现转型升级的重要途径。在经济全球化的今天,没有一个国家可以关起门来搞发展,也没有一个国家可以把所有产品生产出来,也很少有国家将一个产品的产业链完全布局在国内。工业化改变了经济发展模式,信息化将超越工业革命形成新的发展动力,信息化促进了全球的要素流动,只有更大范围的开放才有助于获得外部资源服务国内经济发展。

另外,扩大开放与维护国家经济安全并不矛盾,并不能因为个别部门目标牺牲了开放的整体收益。不能因为监管困难而拒绝开放,正确的对策应是通过健全安全审查、完善信息系统、构建企业诚信体系、加强独立第三方建设和建设政府综合执法体系等构建政治经济安全网。在扩大市场准入的情况下,我们完全能够通过加强事中事后监管方式创新、监管国际合作以及利用国际通行的安全例外等方式维护国家经济安全。因此,随着我国已经逐步建立防范风险的治理体系,开放水平具有提高的基础,不应因噎废食。

三、海南自贸港发展面临的挑战

2018 年 4 月 11 日,中共中央、国务院发布了《关于支持海南全面深化改革开放的指导意见》(以下称《指导意见》),《指导意见》指出海南省建立自贸港的战略定位包括四个方面:一是全面深化改革开放试验区;二是国家生态文明试验区;三是国际旅游消费中心;四是国家重大战略服务保障区[①]。《指导意见》对海南自贸港的发展进行了总体部署,可以看出海南自贸港的定位结合了海南的区位优势和产业优势,具有很强的针对性。海南自贸港的前景固然美好,但是道路仍旧崎岖,海南自贸港要实现中央部署的各项任务可能面临诸多挑战。

---

① 新华网.中共中央国务院关于支持海南全面深化改革开放的指导意见.http://www.xinhuanet.com/politics/2018-04/14/c1122682589.htm.

（一）政策优惠空间有限

根据近几年发展自贸区的情况来看，自贸港绝不是自贸区的缩小版，不是自贸区的简单升级。自贸港和自贸区在战略定位和功能上有一定差异。从战略定位上看，自贸试验区是一块“试验田”，是在特定地区探索试验可复制推广到全国各地的经验。自贸区是全面开放的新高地，作为全球开放水平最高的区域，探索的是制度创新而不是政策洼地，而自贸港需要在市场准入、金融制度、税收等方面做出一系列特殊的政策安排①。因此，从政策设计上，自贸港具有先天的政策优势，推动海南自贸港的发展还是需要出台一系列的优惠政策，以政策吸引更多的投资和消费。

根据《指导意见》，海南自贸港的定位之一是打造旅游消费中心，“大力推进旅游消费领域对外开放，积极培育旅游消费新热点，下大气力提升服务质量和国际化水平，打造业态丰富、品牌集聚、环境舒适、特色鲜明的国际旅游消费胜地”。考虑到改革开放后，我国的开放程度已经大幅提高，从货物贸易的角度来看，能够给予更多优惠的空间已经有限。服务贸易可能主要在于准入方面，而海南将全岛纳入自贸区的开放领域具有重要意义，从根本上解决了地域限制问题。但是，以政策优惠推进旅游发展难度不小。一是旅游发展依靠的是旅游地自身特点对游客的吸引，旅游消费能够进行政策优惠的措施较少。给予政策优惠只能提高旅游的便利化程度，而不能从根本上达到吸引游客的目的。二是旅游消费的政策优惠幅度通常也比较有限。比如，建立免税商店，提高免税购物限额，这些优惠幅度也都有一定的限制，这个限制是政府的税率水平。因此，激发旅游消费还是要依靠旅游资源的管理和优化，而这些都和优惠政策关系不大。

（二）经济基础条件较差

综观中国香港、新加坡港等成功的自贸港，其基本特点之一就是当地经济基础条件较好，但是海南的经济情况并没有太大优势。经国家统

---

① 魏建国.自贸港不是自贸区的简单升级.中国经济网. http://www.ce.cn/xwzx/gnsz/gdxw/201801/25/t20180125_27894435.shtml.

计局计算确定，2017 年海南全省地区生产总值 4 462.54 亿元，比上年增长7.0%。人均 GDP 48 430 元，低于全国平均水平。2017 年，服务业增加值 2 486.07 亿元，按可比价格计算，比上年增长 10.2%。其中，交通运输邮政仓储业增加值 233.59 亿元，增长 13.8%；批发和零售业增加值 503.85 亿元，增长 5.6%；住宿和餐饮业增加值 210.66 亿元，增长 6.9%；金融业增加值 318.21 亿元，增长 11.2%；房地产业增加值 437.54 亿元，增长 20.1%。2017 年，全省接待国内外游客总人数 6 745.01 万人次，比上年增长 12.0%；其中接待旅游过夜人数 5 591.43 万人次，增长 12.3%。旅游总收入 811.99 亿元，增长 20.8%。2017 年，对外贸易进出口总值 702.37 亿元，比上年下降 6.5%。其中，出口总值 295.66 亿元，增长 110.4%；进口总值 406.71 亿元，下降 33.4%。实际利用外资总额 23.06 亿美元，比上年增长 4.1%。利用外资新设项目数 90 个，比上年增加 2 个。从这一系列数据可以看出，海南的经济处在全国平均水平稍微向下的层次上，服务业占经济的比重为 55.7%，略微高于全国平均水平。第三产业的增长速度为 10.2%，增长并不强劲。而作为未来发展最具有潜力的旅游业来看，游客增长速度并不显著。因此，从整体经济发展水平和经济结构来看，海南建立自贸港从产业特征上看虽然更适合于开展以服务业为主的开放模式。但是，经济发展水平必然会制约自贸港的发展，因为经济水平影响消费、文化、营商环境等多个方面。在较低发展水平上建立较高开放水平的自贸港确实存在难度。这就是自贸区从上海开始起步建立的原因，所以，留给海南的发展空间更大同时挑战也更大。

（三）辐射能力不足

海南在地理位置上是一个孤岛，从对外开放水平上看，海南的贸易和投资占 GDP 的比重高于全国水平，说明海南具有较高的对外开放水平。但是，由于其独特的地理位置和产业结构，海南的经济与内地经济的联系较少，因此，如果希望通过自贸港的辐射作用服务于内地经济发展可能存在较大的困难。海南此次开放是自贸港和自贸区同时成立，自贸港的要求是“不以转口贸易和加工制造为重点，而以发展旅游业、现代服务业和高新技术产业为主导，更加强调通过人的全面发展，充分激发发展活力和创造力，打造更高层次、更高水平的开放型经济”，说明海南的自贸港和传统意义上的自贸港有很大区别。在非贸易功能地位上发展自贸港，海南的探索不仅是在中国探索，更是在世界自贸港的发展中开了先河，这一挑战之大可想而知。

《指导意见》指出，海南的全面开放还肩负着建设现代化经济体系和推动形成全面开放新格局的重任，包括要深化供给侧结构性改革、实施创新驱动发展战略、提高基础设施网络化智能化水平、高标准高质量建设自由贸易试验区、探索建设中国特色自由贸易港、加强风险防控体系建设等。这些制度创新的要求，既有仅针对海南的，也有需要向全国复制推广的。同时还要求“在内外贸、投融资、财政税务、金融创新、出入境等方面探索更加灵活的政策体系、监管模式和管理体制，打造开放层次更高、营商环境更优、辐射作用更强的开放新高地”。考虑到海南较低的辐射能力，完成可复制可推广制度创新的任务将非常艰巨，这对于海南自贸港的发展也将带来较大挑战。

第四节 探索建设自贸港的建议

目前，海南是首先明确建立自贸港的地区，未来自贸港的建立可能效仿自贸区，批准若干城市成立自贸港，形成以点带面的效果。各地可能针对各自的地区特点建立有独特优势的自贸港，最终形成类似自贸区的全国性网络。结合国外自贸港的发展特点，现提出以下建议。

一、利用港口资源推进贸易发展

自贸港最显著的特征仍然是港口，港口功能在自贸港的各项功能里应该居于首位。中国是世界第一大贸易国，具备建立自贸港的天然条件。加入WTO后我国的外贸迅速发展进入了新阶段,一方面贸易量迅猛增长,另一方面贸易结构也发生了重要变化。尤其全球金融危机之后,中国的加工贸易占比不断下降,一般贸易占比逐步上升,2015年加工贸易和一般贸易占比基本持平,2017年加工贸易的占比下滑到了29%。贸易结构转变的同时是贸易增长动力的转换,一般贸易比加工贸易更具有内生动力。但是,加工贸易持续下滑对进出口增长并不有利,保持外贸平稳发展需要新的增长点。自贸港通过优化营商环境等多种方式培育新的增长点,比如加快服务贸易发展、吸引转口贸易等,从多个方面促进贸易转型升级。

中国的海岸线长,离岛资源丰富,发展自由贸易港也是开发港口资源的重要手段。我们可以充分利用已建成港口的资源和优势,以点带面,集聚产业,推动自贸港及其周边地区的发展。在未来探索自由贸易港的过程中,我国将形成一批新的贸易业态,比如在离岸贸易、离岸金融、港口贸易等方面都会有更大的进展。国际上自由贸易港已经有了比较成熟的实践经验,我国在深化开放过程中,探索建立自由贸易港会使得我国开放的形势更加丰富,也会打造出更有竞争力的港口资源。

从海南自贸港的定位我们可以看出,未来自贸港的发展可能有多种模式,承载不同的功能。但是,对于具有港口优势的地区,比如上海、广州等地,自由贸易港的定位仍然可能需要保有转口贸易的功能。而转口贸易发展就要求提高自贸港的贸易便利化程度,因为贸易便利化水平就是具有转口贸易功能自贸港的重要任务,也是自贸港的重要竞争力之一。因此,可以对标新加坡港、中国香港、迪拜港、中国上海港等港口的自由化措施,通过围绕“单一窗口”系统推行整个自由贸易港的电子化、自动化。

二、对标国际高标准提升开放水平

自贸港作为开放的前沿阵地,是我国对外开放先行先试的试验区,对标国际高标准是其基本功能之一。当前,国际投资贸易规则面临重构与逆全球化思潮再起并存，多边规则发展的道路可能更加曲折。而方向必然是高标准，以高标准的要求推动和保护贸易投资自由化。从高标准的要求看，我国在市场准入、环境标准等多个方面与国际高标准还有较大差距。在上海、天津等地自贸区探索的基础上，加快自贸港的制度创新具有较高的条件，一方面一些高标准的措施可以在自贸港继续实行，另一方面要探索推进自贸区未曾尝试的新标准。自贸港的高标准开放对于实现以开放促改革具有重要意义。

高标准的开放主要体现在两个方面：

一是事前准入要降低门槛，扩大准入范围，在负面清单的管理模式下不断缩短清单。在教育、医疗、养老、金融等领域探索新扩大市场准入，给予外资更多的准入，在包括准入门槛、股比限制、高管要求、业绩要求等多个领域给予支持。通过外资的引入，倒逼国内市场改革和产业创新，同时要积极吸取汽车、金融等产业开放中的教训与经验，逐步放开市场准入。

二是要加强事中事后监管，提高市场监管水平。高标准必须建立开放型的市场监管体系，自贸港内要探索市场监管体制改革。市场监管体系的核心任务是回答对内外资企业实行负面清单制度，取消前置审批后如何进行事中事后监管的问题，也是构建开放型经济新体制的重要组成部分。根据现代信息化条件和发达国家的经验，这一监管体系应当是“一个信息平台，三个行为主体，明确法律责任，社会共同监管”的系统。在这个系统中，政府、独立第三方与企业三者的行为与责任由法律规范限定，三者提供的信息对接于一个平台，所有利益相关方从中获得信息，也通过其形成社会化的监管；法律明确各自提供信息的真实性及惩罚机制，形成一个各主体相互制约、同置于社会监管之下的体系。

三、建立信息系统优化营商环境

营商环境是当今地区竞争的重要组成部分，是吸引企业和人才的重要因素之一。自贸港可在境内提供高度开放及自由化的经营环境，让国内企业熟悉国际商业的营运模式，了解全球货物及服务贸易的规则。同时，自贸港也将会成为引进跨国企业的首要平台，提高外资在中国内地经济的参与程度，国内企业可从中获得跨国管理及营运的学习机会，提升其在国际市场上的竞争力。例如，新加坡银行在国际大型银行进入本地市场后，从竞争中学习先进的银行业务操作及金融管理。这有助于提升本地银行向外拓展的能力，近年多家新加坡银行亦逐步发展成为服务东盟市场的大型区域银行。我国自贸港的建设在功能上将是有区分的，可以探索不同领域的开放措施。针对不同部门和产业的开放对营商环境进行有针对性的改善。

从开放程度上看，自贸试验区的重点在于制度创新，在对外贸易上则重货物流通方面的开放。自贸港内要以优质的营商环境吸引全球资本、企业，自贸港相对于自贸区是全方位开放不仅仅是制度创新，包括货物流通、货币流通、人员流通、信息流通，并涉及更重要的法律和监管方面的全方位变革。具体来看，自贸区内实行负面清单和事中事后管理后，很多货物还是要申报的。而在自贸港，货物无须申报就能自由进入，自贸港将真正实现“境内关外”。有学者认为自贸港建设与上海自贸区建设存在一些差别，自由贸易港建设时将尝试完全取消贸易管制措施和最大限度地提高清关效率，并在金融等配套领域寻求突破，这使其较之上海自贸区建设有着更强的目标导向性，是我国自贸区改革中一次迈向国际最高水平的尝试[①]。不同自贸港可能有各自的功能定位，但在各个功能上都要达到开放的最高标准。

自贸港要善于借助最新的科技手段，在风险可控的港区内开展管理创新。利用现代网络技术实现信息公开是社会经济系统运行的必要条件，对企业来说是受到有效监管的前提，对政府来说是提高透明度的前

① 张磊.上海自贸港建设的突破性与可持续性[J].WTO经济导刊，2017(11)：61—62.

提。现代技术进步为建设一个完善的社会经济信息系统创造了条件,要把在现代技术基础上建立一个完善的信息系统作为监管体制创新的关键切实抓好。在自贸港内建立适应高水平监管的经济信息系统,要做到企业发布信息、独立第三方鉴定信息、政府监管信息和社会评价信息的综合。企业必须保证信息的公开真实。除了经营机密外,企业应当提供一切相关信息,并对信息的真实性承担法律责任。社会组织和专业服务机构提供的企业信息,包括由法律授权进行的对企业的各类技术性认证或鉴定。政府要提供监管信息,包括对企业是否合法经营的一切正面、负面信息,直至红、黑两类名单。这些信息的完整公开构成了社会监管的基础,社会尤其是与企业交易的利益相关者可能在网络上作出对该企业的评价,从而使企业被置于整个社会的全面监管之下。

在建立这一网络化的信息系统中,信息的搜集要减轻企业负担,避免各部门重复分头要求企业申报;政府各部门信息共享,要改变部门分割状态,信息共享是统一执法体系建设的前提。要通过立法与制度建设严格规范年检制改为年报制后企业信息的披露,确保政府各部门在统一信息系统建设中的责任与共享,消除部门间信息隔离状态。最终以信息化的手段,推动自贸港办事效率的提高和营商环境的改善。

四、三位一体提高政府监管能力

自贸港与自贸区相类似,是政府管理能力改革的天然试验场。

首先,要建立统一执法体系为实现高效监管进行政府改革。改变九龙治水现象是监管改革的主题,关键是解决对外一口式受理,内部跨部门合作的高效体制建设。一口式受理致力于对企业提供高效服务,减轻企业负担;各部门在专业分工基础上的统一执法是制度建设的核心。要在精简现有政府机构的基础上形成统一执法的新机制,自贸港内有探索的条件,要真抓落实,对各个环节进行精准监管,形成有效机制。

监管创新要求多方面的政府改革,一是机构改革。要精简机构,最大限度地便利企业，把一部分事业单位转变为行使特定职能的专业服务机构。二要减少审批，明确制定政府权力清单。在自贸港内对对外开放全面实行负面清单制度，使前置审批阶段的监管转变为事中事后监管；年检制改革为年报制后更带来了监管的紧迫性。在这一新条件下，要形成政府搜查制度配合年报制，要着力加强企业诚信制度建设。政府对企业的监管要从当前的什么都管转变为聚集于事关经济安全问题的监管上来。在开放型经济中有两个意义上的经济安全，一是政治军事意义上的国家经济安全，二是市场运行秩序和公共利益上的社会经济安全问题。取消前置审批后的监管并非简单把事前监管延伸为事中事后监管，而是从政府把守入口的"严进单管"体制转变为"宽进共管"体制。体制创新的核心问题是：通过减少审批把政府监管聚焦在事关经济安全的问题上，授权独立第三方承担技术鉴定等信息搜集功能，以法律约束确保企业主动提供信息的真实性，接受社会监管。

其次，加强独立第三方建设，为社会监管提供技术支撑。由现在的大政府监管向技术支撑社会化，部分职能从政府转移到行业性社会组织和专业性服务机构是体制改革的方向。在对企业监管中，政府相关部门是执法主体。在最大限度取消审批改革的同时，要把相关的技术支撑职能向独立第三方转移。要通过立法和政府监管形成行业自律，形成行业规范和技术标准，约束企业经营。行业组织要成为政府监管企业的中介与平台。认证、检验和测试等技术支撑性事业单位要转变为独立第三方专业性服务机构，进一步完善法律法规以规范其业务行为，严惩作假渎职行为。

再次，建设企业诚信体系为市场有效运行、监管严密有力奠定基础。企业从在监管下被动守法向在自律下主动守法转变，是市场经济走向成熟的一大标志，也是监管机制的根本性转变。企业诚信体系建设是实现这一转变的路径。在完成了年报制改革以后，要进一步通过政府、独立第三方和企业三个主体的信息建设企业诚信系统。要强化企业信息公开制度,企业对信息的真实性承担法律责任,形成社会化监管机制。对自贸港内的入驻企业建立诚信管理体系,提高企业的违法成本,倒逼企业遵守市场管理。最终在自贸港内形成政府、中介和企业三位一体的监管体系。

第五章
拓宽外商投资企业的融资渠道

第一节　对外直接投资企业融资约束现状分析

在对外投资方面,我国连续两年成为“世界第三大对外投资国”,联合国贸发会议将中国列为“最有前途的 FDI 来源地”,显示出我国“走出去”战略已经进入全面发展阶段。与此同时,我国对外投资规模不断增长并具有超越引进外资之势,有利于推动我国经济发展,而深入研究对外投资给我国带来的影响不仅可以丰富发展中国家对外投资的理论和实践,还可以扩大对外投资的影响,带动更多的企业“走出去”,有利于对我国经济发展形成良性循环。具体表现为:一是对外投资带动投资国技术进步,并逐渐形成经济效应。在获得国外先进技术和管理经验的基础上,提高投资主体的技术水平,在产业内外形成反馈效应。二是对外投资有利于投资国的产业升级发展。投资国内过剩产能和产业线被拓展和延长,不仅可以获得更多的收益,还有助于将这部分产业空间置换出来,利于新产业发展,推动产业升级换代,优化产业结构。三是对外投资还间接促进贸易发展,创建新型比较优势。2008 年全球金融危机过后,新一轮贸易保护主义盛行,企业出口变得困难重重,而对外投资可以更好地规避贸易壁垒,为企业出口带来更多的便利渠道。由此可见,随着我国对外开放程度的加深,对外投资超越引进外资的趋势不断发展,对外投资对我国宏观经济的直接刺激作用将会逐步扩大,不断发挥其加快经济增长、技术引进力度、产业结构转型升级及其对贸易的带动作用。

一、中国对外直接投资发展历程

改革开放以来中国对外直接投资的起点一般以1979年11月北京市友谊商业服务总公司与日本东京丸一商事株式会社在日本合资开办我国在境外的第一家合资企业(京和股份有限公司)为标志。中国将"走出去"战略作为正式的国家战略,最早见于2000年。在2000年以前,中国的国际投资政策是以鼓励吸引外资、限制对外投资为主要特征的。2000年以后,中国政府在对外直接投资政策方面进行了调整,从限制对外投资逐渐向放松对外投资管制和鼓励对外投资转变。依据中国对外直接投资的规模,结合中国经济发展阶段和中国在对外直接投资上的制度与政策变化,可将中国对外直接投资的历程划分为四个阶段:

第一阶段(1979—1991年):对外直接投资尝试阶段。在1982年以前,所有对外直接投资项目须经国务院批准,这是由于当时国家外汇储备极为短缺造成的。1983年,原国家外经贸部得到国务院授权,制定了《关于在境外举办非贸易型企业的审批和管理规定(试行稿)》,建立由原外经贸部为审批主体,其他部门和省、市相关部门层层审批上报的管理体制,审批对外直接投资项目,并对国际化经营企业加以管理,对外投资主体主要为国有大型企业。在这一阶段,我国的社会主义经济市场化改革仍然是在"摸着石头过河",企业缺乏资金和经验,经营规模和自主权都十分有限,真正自发的实施对外直接投资活动的企业很少,绝大多数的对外直接投资项目和决策都是政府行为。对外投资的主要特点是规模小,始终未突破10亿美元,对外投资最高年份为1991年,仅为9.1亿美元,并且对外直接投资受到政策的严厉监管与控制。

第二阶段(1992—2001年):对外直接投资逐步形成阶段。以邓小平1992年南方讲话为转折点,中共中央吹响了进一步深化经济体制改革的号角。1992年中共十四大提出扩大对外投资和跨国经营的指导思想,政策的放松和鼓励、国内政治经济形势的变化导致1992—1993年中国对外直接投资出现一波小高潮,连续两年突破40亿美元,但同时也显著地呈现出“大起大落”的波动特征。2000年3月全国人大九届三次会议首次将“走出去”作为国家战略提出。对外直接投资流量额在1992年猛增到40亿美元,2000年又降到9.2亿美元,降回到了1992年以前的水平,而2001年又猛然增长到68.9亿美元。这种“大起大落”快速又不稳定的特征,反映出在当时我国市场化经济体制改革的展开和对外开放进程加快的背景下,国内企业获得了更多的经营自主权,开始有意识地探索性地实施和扩大对外直接投资。但受各方面条件的制约,此时企业的对外直接投资受偶然和短期利益目标的驱动明显,并非真正起因于企业的长期经营发展需要,大多企业的对外直接投资缺乏清晰的投资目标和长远的战略定位。

第三阶段(2002—2008年):对外直接投资快速发展阶段。2001年加入WTO,进一步扩大中国对外开放的领域和层次,中共十六大报告进一步指出,坚持“引进来”和“走出去”相结合,中国企业对外直接投资出现迅猛增长,2002年被称为“中国并购元年”,出现了TCL集团并购施耐德,中国网络通信集团收购亚洲环球电讯,华立集团收购飞利浦CDMA手机芯片等重大并购事件。2004年商务部下发《关于境外投资开办企业核准事项的规定》,在全国范围内下放境外投资核准权限,对推动中国企业对外直接投资起到了积极作用。2005年,财政部、商务部联合下发《关于印发〈对外经济技术合作专项资金管理办法〉的通知》,对境外直接投资采取直接补助和贴息方式予以支持。2005年中国对外直接投资首次突破100亿美元,2006年即突破200美元,2008年进一步突破500亿美元。在此期间,随着TCL、联想等国内知名企业以及中国能源和矿业企业积极的海外并购活动,中国的对外直接投资引起国内外广泛关注。

第四阶段(2009 年至今):对外直接投资的新战略实施阶段。在全球金融危机的背景下,国际资本流动、跨国投资并购活动急剧萎缩,据联合国贸易和发展会议《2010 年世界投资报告》分析,2009 年全球对外直接投资下降了 39%。我国在“十二五”期间,将对外直接投资上升为国家战略,同时为了稳定外需和带动对外直接投资,陆续出台了一系列支持企业“走出去”的措施,如《境外投资管理办法》《对外承包工程资格管理办法》《企业境外经营行为规范》等,通过政策指引、精简审批流程、下放权力等方式,从制度上规范了境外经营秩序。同时又编写了《对外投资合作国别(地区)指南》,对投资国政治、经济、人文等因素进行分析,指出投资项目的潜在风险,为企业对外投资提供参考。建立了“对外投资合作信息服务系统”,商务信息平台和运行监管系统不断完善,为企业提供了更多的信息,进一步节约了企业对外直接投资的信息成本。另外,国内金融业的发展,为我国企业对外投资提供了更方便快捷的金融服务,人民币升值以及外汇资金管理的宽松为我国企业对外投资带来了更多的机遇。由于我国积极统筹对外直接投资,又慎重规避风险,实现了非金融类对外直接投资的逆势上扬,2009 年全年累计实现非金融类对外直接投资 433 亿美元,比上年增加了 6.5%。而且跨国并购国外资源表现也极为活跃,2009 年中石化以 72.4 亿美元收购了瑞士 Addax 石油公司的全部股份,中色集团收购澳大利亚 TZN 公司和赞比亚卢安夏铜矿,2010 年吉利汽车以 18 亿美元收购沃尔沃汽车公司 100%的股权等,中国对外投资进入全新战略实施阶段。《2017 年中国对外直接投资统计公报》显示,截至 2017 年末,中国对外直接投资分别占全球当年流量、存量的 11.1%和 5.9%,流量位列按全球国家(地区)排名的第 3 位,占比较上年下降 2.4 个百分点,存量由 2016 年的第 6 位跃升至第 2 位,占比提升 0.7 个百分点。①

① 具体见《2017 年中国对外直接投资统计公报》。

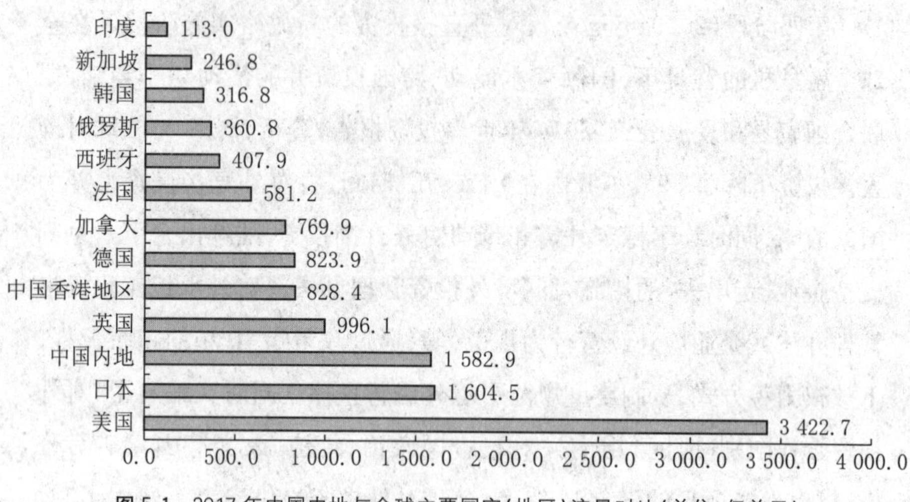

图 5-1 2017 年中国内地与全球主要国家(地区)流量对比(单位:亿美元)

• 资料来源:《2017 年中国对外直接投资统计公报》。

二、中国对外投资发展的结构性特征

(一)以商务服务和金融业、采矿业和批发零售业等劳动和资本密集型投资为主

从行业覆盖面上看,截至 2014 年底,我国对外直接投资的行业分布已经基本覆盖了所有行业,主要可分为:资源开发领域类、装备制造领域类、生活消费类、科技类等。但从投资规模看,投资主要集中于在租赁和商业服务业、金融业、采矿业、房地产等领域。根据《2013 年中国对外直接投资统计公报》,到 2013 年止,租赁和商务服务业占我国对外直接投资存量的 25.1%、采矿业为 23%、金融业为 14%、批发和零售业为 13.6%、制造业为 6.7%。这 4 大主要行业的投资流出量超百亿,占据对外投资规模的 75.7%,构成了我国对外直接投资的主要行业。其中对外投资存量最大的行业是商务服务业,达到 1 957 亿美元;其次是金融业,达到 1 170 亿美元;接着是采矿业,达到 1 062 亿美元;另外是批发零售业,为 877 亿美元;第五是制造业,为 420 亿美元。

（二）商务服务业崛起迅速，投资结构更加合理

通过分析2003—2013年我国对外直接投资各行业占比可知，我国企业对外投资结构趋于合理，如采矿业占总流量的比重由2003年的48.4%下降至2013年的29.7%。而商务服务业也已由2003年的9.8%上升至2013年的25.1%。可见，商务服务业对外投资所占比重的增长迅速。一方面，与我国行业结构优化和贸易改善有很大关系，许多企业走出国门主要是为了拓展消费市场，建立国际性的消费网络，开始纷纷在国外建立众多分支机构。另一方面，相对其他行业而言，商务服务业是技术门槛比较低的行业，在经济全球化浪潮下，各国在这个领域也逐渐放松了警惕，减少投资限制，为我国企业投资于商务服务业提供了良好的发展机遇，促进我国商务服务业大规模发展。

另外，我国对外投资中金融业规模也开始超过制造业，如2003年我国对外投资中制造业占总流量比重高达21.8%，而2013年这一比例仅有6.7%；相反，2013年金融服务业占比已经高达14%。可见，我国对外投资结构中金融业投资持续增长，说明我国对外投资企业实力已经不断增强以及企业海外并购活动的增加。此外，科学研究和技术服务业与信息传输、软件和信息技术服务业等技术、知识密集型产业近年发展势头也很迅猛。虽然我国对商务服务业的直接投资大多仍以贸易投资为主，但总体正经历着由以资源和初级制造业为主向资源、制造业、金融和商务服务业等多行业发展的变化，产业结构有着逐渐高级化发展的趋势。

（三）总量看对发展中国家投资为主，增速看对发达国家增长迅猛

根据发展中国家对外投资的技术地方化投资理论，发展中国家更加偏好投资于与其发展水平和阶段相一致或接近的国家，在经济发展程度提高后才逐步扩展到发达国家，这与我国企业对外投资演变轨迹相符合。例如，根据商务部的对外投资统计公报，截至2013年我国对发展中

国家投资流入量高达917.3亿美元，占中国对外投资总量的85.1%，而对发达国家投资流入量仅为138.3亿美元，占比仅为12.8%，其中流入美国38.73亿美元，澳大利亚34.58亿美元，英国14.2亿美元，加拿大10.09亿美元。

虽然流向发达国家资金规模相对较小，但最近几年我国对发达国家的投资占比逐年攀升，已经由2009年的7.4%上升至2013年的12.8%。这意味着我国企业的国际竞争力水平已经显著提高，使得国内大量企业开始将注意力转向发展程度更高的发达国家，以挖掘更广阔的发展空间，对发达国家的投资规模正在强劲地扩大，而这也与国际对外直接投资先行国的发展轨迹相类似，也说明了随着国内投资环境不断改善，以前为了避税目的将资金大量输入离岸金融中心的企业开始将目光投向市场更加广阔的欧美等发达国家。

（四）投资主体仍以国企为主，但民营企业成后起之秀

从投资主体参与规模来看，我国对外投资的主导力量还是大型国企，但民企企业实力也在不断增加，所占比重不断上升。根据2013年对外投资统计公报显示，2013年底，我国非金融类对外直接投资总额5 434亿美元，其中国有企业占了55.2%，有限责任公司占据30.8%，超过总额的三成，其余股份有限公司、股份合作企业、私营企业等占余下超过一成的比例，可见国有企业是我国对外直接投资的主力军。然而，对比2009年的各投资主体的比例可看，国企占比为69.2%，接近七成，有限责任公司占比为22%，余下部分占比不到1%。国企占比开始持续下降，由占据七成降到不到六成，而有限责任公司、股份公司、私营企业等占比上升十分明显。可见，我国对外投资主体开始出现多层次、多元化特征，这十分有利于激发国内多元主体更深层次的投资潜力，推动企业向高质量、高效率上转型升级。另外，从参与主体的投资数量上看，国有企业处于下风，而中小民营企业开始在国际投资舞台上表现更加活跃。

未来一段时间内,我国需要不断扩大企业对外投资积极性,引导企业更好、更快地走出去,推动经济更广泛和深入融入世界经济中,享受全球化带来的高效率和高收益,获得更高的国际竞争力。这些都是目前我国宽领域、多层次、全方位对外开放格局的真实写照。然而,随着对外投资规模不断扩大,企业"走出去"面临国家多、领域宽、政治、经济、文化、外交及市场等多因素交错,增加了企业对外投资发展的不确定性和难度。因此,对外直接投资到底给我国经济乃至企业带来怎样的影响,其影响作用程度如何,目前已成为关注的热点问题,需要深入研究,为我国对外投资战略提供决策依据,为企业更好的"走出去"出谋划策。

三、融资约束影响企业对外投资的理论分析

虽然我国企业对外直接投资发展呈现蓬勃之势,但是伴随着企业大规模"走出去",企业发展将面临更多问题,其中最重要的体现就是"走出去"企业的融资困境。目前,整体而言,我国企业的融资方式主要以银行贷款和民间借贷等为主,而在发达国家以直接融资和创新型融资为主的方式尚未得到较广泛的运用,这也极大地限制了企业获得资金的途径,这也是目前国家需要亟待解决的问题,也是影响经济进一步发展的绊脚石,尤其是中小型企业,这些企业对我国国民经济发展来说至关重要,也是我国吸纳劳动力的主要渠道之一。因此,有效解决对外投资企业的融资方式创新,不仅能够有助于企业自身发展问题,还能够为我国企业整体转型升级提供间接支持。根据发达国家企业发展壮大的经验可知,东道国企业能级提升最终会提高该国的国家竞争力,还能够提升本国居民的福利水平。

(一)企业融资的途径选择

按照不同融资方式,企业融资渠道可分为内源融资和外源融资两大类,其中内源融资主要是指企业自身在生产经营过程中的留存收益、资产折旧和定额流通负债等累积成为流通于企业自身发展所需资金池,最

终成为支持以后扩大生产经营活动的资金来源等。外源融资主要有两大主要模式,即证券主导型融资(直接融资为主)和银行主导型融资(间接融资为主)。目前,由直接融资和间接融资为主的融资形式,构成了企业最基本的社会融资结构。

1. 内源融资

内源融资即将自身的积累可供使用资金转化为投资的过程。企业在日常生产经营过程中所需资金首选是内源融资,内部资金的支持有利于企业生产的扩大和帮助企业“走出去”,克服沉没成本。企业进行内源融资的方式主要包括留存盈余、企业生产经营活动的现金流。相比较外源融资而言,内源融资具有如下几个优势:一是强自主性。企业进行融资活动的资金主要来自企业内部,例如上市公司在使用资金过程中具有很高的自主性,只需要获得公司董事会批准,就可以获取所需资金进行投资活动,不受外部条件限制和影响。二是低融资成本。在进行外部融资过程中,企业需要支付大量的额外费用,其中如通过 IPO 上市的途径,所需要支付的费用不仅包括中介机构费,即保荐承销费、律师费、审计验资费等,还包括发行手续费、信息披露费、广告宣传费、印刷费等。三是对于上市公司而言,内源融资不会降低大股东的控制权,更不会稀释原有股东的每股收益等。相反,内源融资通过企业未分配利润方式进行融资还会增加权益资本和控制权,提高公司的净资产等。四是为股东获取税收上的好处。例如,上市公司将所有税后利润全部分给股东,则股东需要缴纳个人所得税等,反之,公司降低股利发放,或将促使该公司股价上涨,股东在资本市场获取这部分收益,所缴纳的资本利得税也将低于个人所得税。

2. 外源融资

(1) 直接融资

直接融资,即企业股权融资,主要是指企业不借助以银行为主导的金融机构,而是通过资本市场利用有价证券等形式进行资金融通,主要体现在企业债券、上市公司股票、合资合作经营等。张永莉(2016)提出,直接融资指企业在融资活动中,不通过商业银行等金融机构,在资本市场通过发行债券和股票、资产证券化等融资手段,获取自身所需的资金[①]。这种融资方式的优点:一是资金需求和供给双方联系较为紧密,资金快速配置的同时使用效率也较高;二是资金使用成本相对较低,且资金的流动性较大;三是较少受到相关法律的限制。其劣势在于对交易双方筹集资金与投资技能的要求较高且直接投资的风险相对较高。汪杜宇(2017)认为,直接融资的优势在于中介成本低,融资效率高,同时能够通过市场进行有效的资源配置,使社会资金能直接作用于实体经济,并且可以分散因间接融资比例过高而产生的风险。

(2) 间接融资

企业间接融资主要是指通过银行和非金融机构获取资金的方式,例如银行信贷、非银行金融机构的信贷、委托贷款和项目融资贷款等。在我国,企业融资已经历了传统体制下单一的财政主导型融资方式和转轨体制下倚重银行主导型融资方式,但从整体上来看,还没有形成一种高效率的企业融资渠道[②]。这种融资方式主要优势在于:一是银行等金融机构的发展成熟,网点分布广泛,能够有效吸收大量存款,筹集来自社会各方的闲散资金,资金规模巨大。二是银行的金融风险较低,其资产和负债呈现多样化特征,经营风险可以通过借助多样化的资产和负债结构等来分散,保证风险降到最低。三是融资成本能够有效降低。银行具有了解和掌握借款者的详细信息,不需要资金供给者主动去收集资金需求者的信息,有利于降低整个社会的融资成本。最重要的是,间接融资能够降低由于信息不对称导致的道德风险和逆向选择等问题。但是,由于资金使用双方并未真正接触,降低了投资者对资金需求者在监督资金使用和生产活动等方面的压力。

---

① 陆岷峰,李蔚.我国提升直接融资比例的路径选择[J].西部金融.2018(6).

② 中小企业融资中常见的融资渠道.投融界.2013-9-26.

(3) 民间融资

在我国,中小企业融资结构还存在第三种形式,即中小企业除了从银行等金融机构进行间接融资和证券市场直接融资外,还从民间金融机构进行借贷活动,获取资金支持。相关研究也指出,在不完全竞争的市场中,由于存在着信息不对称的现象,导致在进行外部融资过程中,面临从以银行为主导的间接融资和民间金融机构融资的成本存在较大差异,导致企业在从银行获取部分资金外,还可以通过民间金融机构获取部分资金支持(李建军,2013)。相较于根据国家法律批准设立的金融机构而言,民间融资更多是指非金融机构的自然人、企业和其他经济主体之间,以货币为标的价值转移,以及后续的本息支付等,这种融资活动游离于国家正轨的金融机构监管体系之外。

(二) 企业对外投资面临的融资约束分析

相对在国内生产经营的企业而言,对外投资企业面临更多的融资约束,对企业参与国际市场出口和投资具有重大影响。其中如 Buchetal.(2009)根据德国工业企业数据,实证检验了融资约束对企业参与对外投资和出口的影响,研究发现,对外直接投资企业深受国际资本市场的融资约束问题。例如,对外直接投资企业在"走出去"过程中不可避免地会面临更多的支出成本,其中包括大量的沉没成本等:

一是对外投资企业需要支付较高的信息成本。企业在进入国外市场的过程中,需要事先了解海外市场的商品生产效率、生产和销售规模和消费倾向等一系列区别于母国的重要信息,了解和掌握这种信息需要支付大量的时间和资金。

二是对外投资企业需要不断提高所生产商品的生产效率。只有在高效率生产商品的情况下,企业的产品在海外市场尤其是发达国家市场具有较大的竞争优势,才能够以较快的速度在海外市场站稳脚跟。

三是对外投资企业需要支付较高的固定成本。例如,当企业决定对外直接投资后,如若进行绿地投资,首先需要在他国选定场址、建立生产或研发基地以及后续的固定生产设备的购买等，这将会产生较大规模的经费支出。

四是对外投资企业面临较长的投资和生产周期。由于母国和东道国之间在社会制度、金融制度和经济环境等都存在巨大差异，在一定程度上会给对外投资企业带来较大的生产和经营风险，企业需要获取大量资金优势，克服在对外投资或出口过程中的风险隐患，支付大量的沉没成本。

四、我国对外投资企业融资约束现状

最近几年，中国对外直接投资规模和速度都突飞猛进，根据《2017年中国对外直接投资统计公报》显示，截至2017年底，中国有2.55万家境内投资者在国(境)外共设立对外直接投资企业3.92万家，分布在全球189个国家(地区)，境外企业资产总额6万亿美元，对外直接投资累计净额(以下简称“存量”)达18 090.4亿美元，其中股权投资8 730.9亿美元，占48.3%；收益再投资6 858.6亿美元，占37.9%；债务工具投资2 500.9亿美元，占13.8%。再根据联合国贸发会议(UNCTAD)《2018世界投资报告》的数据表明，2017年全球外国直接投资流出流量1.43万亿美元，年末存量30.84万亿美元。以此为基数计算，2017年中国对外直接投资分别占全球当年流量、存量的11.1%和5.9%，流量按全球国家(地区)排名位列第3位[①]。然而，区别以往中国对外投资企业中国有企业占主导地位的格局，2017年公报数据显示民营企业对外投资规模开始大幅增长，占比逐渐逼近国有企业，尤其是浙江、江苏、山东、广东等对外直接投资大省，民营企业尤其是中小企业占对外投资大都超过50%，有的甚至高达80%，在对外投资中逐渐占据越来越重要的份额，已经逐渐成为中国企业对外投资中不可忽视的力量。例如，《2017年中

① 商务部，国家统计局和国家外汇管理局.2017年中国对外直接投资统计公报.

国对外直接投资统计公报》指出，2017 年中国对外非金融类投资流量中，属非公有经济控股的境内投资者对外投资 679.4 亿美元，占48.7%；公有经济控股对外投资 715.6 亿美元，占 51.3%。另外，截至 2017 年末，在对外非金融类直接投资 16 062.5 亿美元存量中，国有企业占 49.1%，较上年下降 5.2 个百分点；非国有企业占 50.9%，其中有限责任公司占 16.4%，股份有限公司占 8.7%，个体经营占 7.4%，私营企业占 6.9%，港澳台商投资企业占 5.8%，外商投资企业占 3%，股份合作企业占 0.5%，集体企业占 0.3%，其他占 1.9%①。虽然对外投资过程中，我国民营企业对外投资热情和步伐都在提高和加快，但是相对国有企业而言，民营企业面临更多的难题，其中首要问题就是融资约束问题。根据 2013 年《中国企业对外投资现状及意向调查报告》，在所有对外直接投资的各种不利因素中，60%以上的企业都认为，企业能否顺利募集资金是制约企业投资的决定性因素。正如 Silva(2011)研究指出，企业的融资约束，不仅能够对企业，尤其是发展中国家的企业在国内发展造成一定的影响，而且是中小型企业实施国际化战略，进行对外直接投资的最重要的障碍。

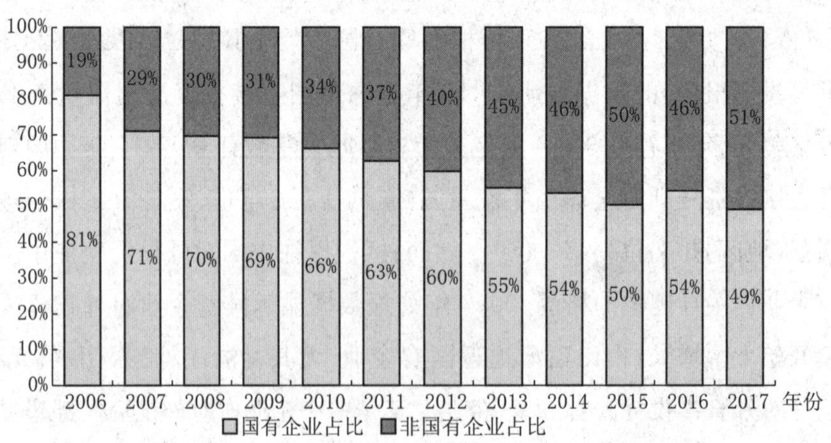

图 5-2 2006—2017 年中国国有企业和非国有企业存量占比情况

• 资料来源：《2017 年中国对外直接投资统计公报》。

① 商务部，国家统计局和国家外汇管理局. 2017 年中国对外直接投资统计公报.

民营企业尤其是中小型企业对外直接投资一般都是依靠自身的内源性融资，外部的正规性融资较少，甚至有些中小型企业职能依靠民间融资进行对外投资。2013 年，中国国际贸易促进委员会对我国 15 个省千家企业，其中中小企业数量占有 86.6％的比重，进行问卷调查。问卷主要内容是，企业在进行对外投资的融资来源主要是哪些？问卷结果显示，约 53％的受调查企业借助自有资金进行对外直接投资，21％的企业认为来自“银行信贷”，11％的企业依靠资本市场进行直接融资，另有 7.1％的企业指出投资伙伴参股是主要方式，还有 5％的企业指出企业融资依靠的是民间非官方融资方式。因此，可见，民营企业融资方式受限，融资渠道单一成为企业进一步实施国家化战略的绊脚石。整体上看，我国中小型民营企业可供选择的融资范围非常狭小，创新型融资方式也收到较大限制。其中例如科技型民营企业，属于轻资产的公司，其自身所能够提供的抵押资产较少，且银行对其未来发展前景尚不清晰，也很难对其提供强有力的融资支持，导致其或者依靠风险投资，或者依靠民间资本进行融资。这都导致我国中小型民营企业在发展过程中与资本市场脱节现象严重。另外，民营企业因为资金缺乏、融资成本较高和融资约束的困扰导致其很难在国外市场立足。此外，由于中小企业规模实力有限，能获得金融机构信贷支持的机会偏少。

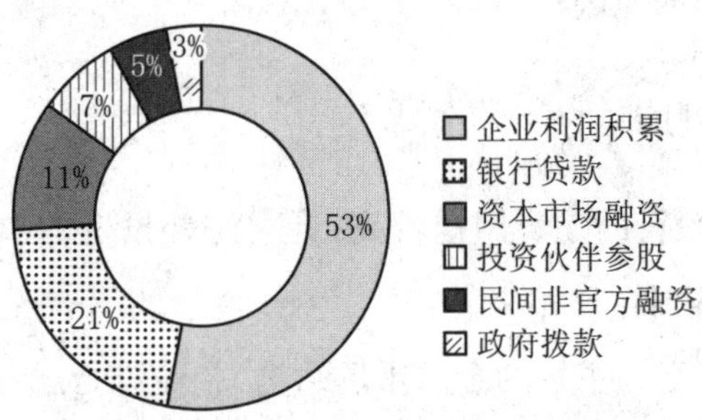

图 5-3　2013 年企业对外投资资金来源比例

• 资料来源：《2013 年中国企业对外投资现状及意向调查报告》。

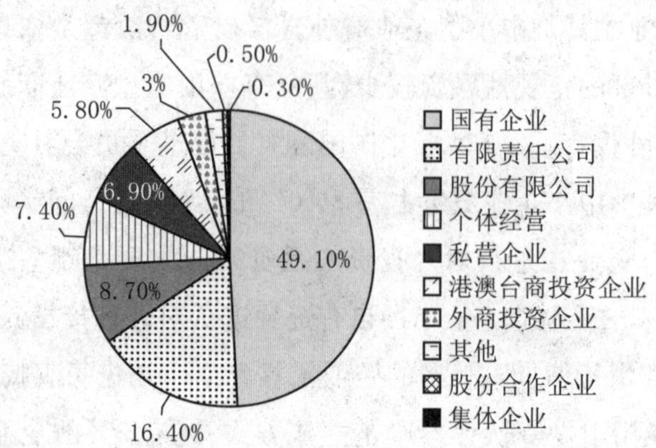

图 5-4　2017 年末中国对外非金融类直接投资存量按境内投资者注册类型分布情况

• 资料来源：《2017 年中国对外直接投资统计公报》。

第二节　中国对外投资企业融资困境的原因分析

究其主要原因，还是对外直接投资企业面临投资周期长、利润回收慢和面临风险大等劣势，尤其是在企业对外投资的初期，这些劣势极易成为企业无法对外投资成功的关键因素。另外，在企业对外投资初期，银行往往对其贷款的条件也较为苛刻，加上该阶段企业能够提供的可供抵押品也相对较少，银行所能够给予的融资规模更是有限。具体来看，存在以下几方面的原因：

一、商业银行的信贷门槛较高

目前，商业银行的信贷门槛较高，针对海外投资的离岸业务量仍较小，且支持力度较弱。

我国是以银行为主导的金融市场结构，企业进行融资的主要途径仍然是商业银行贷款，商业银行所能够提供的融资服务具体包括：一是向境内企业进行海外投资的某些项目提供贷款；二是根据境内母公司的委托要求，向境外投资的子公司在海外投融资活动提供担保；三是通过在境外设立子银行开展离岸业务，其中如吸收境外存款，为境外客户提供各种金融服务等。然而，商业银行在提供贷款之前需要企业满足各种比较苛刻的条件，需要提供的抵押品相对较多。而众多民营企业尤其是中小型企业大都存在着规模小、信誉不高、抗风险能力弱以及赢利能力有限等缺点，导致这些企业很难达到银行对企业评判的传统信贷标准，尤其是对外投资的中小企业，其海外投资的高风险项目使得银行对企业的审查标准大幅提高，导致企业获得海外投资贷款申请的难度加大。加上，民营企业相较国有企业而言，存在较高的违约率，更加导致这些企业很难通过银行的风险评估。另外，目前国内只有外资银行和少数股份制商业银行(如招商银行、深圳发展银行、上海浦东发展银行等)拥有开展离岸业务的资格，大型国有商业银行均不能开展离岸业务，使得其在海外投资融资服务中的规模优势和综合业务优势无法得到完全发挥。总体看，离岸银行业务量比较小，金融工具品种单一，商业银行提供跨境金融服务尚不能满足企业跨国经营战略的需要[①]。另外，根据中国人民银行公布的社会融资规模增量统计数据可知，从总量来看，我国社会融资规模发展迅猛，融资规模每年剧增，由 2002 年的 2.01 万亿元人民币，升至 2017 年的 19.44 万亿元人民币。从融资的结构来看，社会融资方向朝着多元化趋势演进，虽然占据主要份额的融资方式仍然是人民币贷款，即信贷融资仍是我国企业进行融资的主要方式，但是非信贷融资的比例也在不断攀升，其中最重要的体现就是信托贷款和企业债两个类别，其中信托贷款从无到有，截至 2017 年末，我国信托贷款的增量规模达到 2.26 万亿元人民币。可见这一融资方式正在成长为企业募集资金谋发展的重要渠道。

---

① 吴雨奇，邹蕤羽.我国中小企业海外投资的融资约束特征及其化解对策[J].国际金融.2017(5)：68—74.

表 5-1 2002—2017 年社会融资规模增量统计表①(单位:亿元人民币)

年份	社会融资总规模	人民币贷款	外币贷款	委托贷款	信托贷款	未贴现的银行承兑汇票	企业债	非金融企业境内股票融资
2002	20 112	18 475	731	175	0	−695	367	628
2003	34 113	27 652	2 285	601	0	2 010	499	559
2004	28 629	22 673	1 381	3 118	0	−290	467	673
2005	30 008	23 544	1 415	1 961	0	24	2 010	339
2006	42 696	31 523	1 459	2 695	825	1 500	2 310	1 536
2007	59 663	36 323	3 864	3 371	1 702	6 701	2 284	4 333
2008	69 802	49 041	1 947	4 262	3 144	1 064	5 523	3 324
2009	139 104	95 942	9 265	6 780	4 364	4 606	12 367	3 350
2010	140 191	79 451	4 855	8 748	3 865	23 346	11 063	5 786
2011	128 286	74 715	5 712	12 962	2 034	10 271	13 658	4 377
2012	157 631	82 936	9 164	12 841	12 847	10 499	22 551	3 507
2013	173 168	88 916	5 848	25 466	18 404	7 755	18 113	2 219
2014	164 133	97 813	3 556	25 069	5 174	−1 286	23 817	4 350
2015	152 936	112 693	−6 426	15 911	433	−10 567	28 249	7 602
2016	178 023	124 371	−5 639	21 854	8 592	−19 533	29 993	12 415
2017	194 430	138 432	18	7 770	22 555	5 364	4 495	8 734

· 数据来源:根据中国人民银行发布的数据经作者整理而得。

二、资本发展不成熟,直接融资比例较低

目前,我国资本发展不成熟,直接融资比例较低,影响了企业融资效率。

我国资本市场经过改革开放几十年的发展,多层次资本市场建设仍不成熟,虽然我国目前经济发展向高质量方向迈进,但是对于资本市场来说,更需要提高要求,为更多的优质型企业提供融资服务。根据直接融资的定义,在资本市场上,企业通过发行债券、引入股权投资基金等方式获取发展所需资金。然而,在我国,资本市场发展相对落后,国有

① 这里的社会融资规模是一个增量值,表示一定时期内实体经济(即企业和个人)从金融机构中获得的资金总额。

企业在资本市场上能够优先获取更大的融资权利和能力。虽然，目前我国资本市场已经陆续推出中小板和创业板，逐渐形成多层次的资本市场结构，然而，由于中国股市发展较不成熟，导致中小板和创业板的风险过高，也使得对相关上市的企业提出更高和更苛刻的要求。因而，众多民营企业尤其是中小企业远远未能够达到上市融资的评判标准，虽然一方面有助于降低股市的整体风险，保护投资者利益，但是更长远地看，需要健全和完善相关机制，给真正优质的中小企业提供融资便利，尤其是需要拓展海外市场，进行国际化战略的企业。另外，虽然股权融资是直接融资的渠道之一，但是目前我国针对企业进行跨国投资的股权投资机构数量十分有限，有且仅有几家，这也大大限制了企业对外投资步伐。相较欧美等发达市场来说，我国人民币贷款即银行信贷仍然是主要的融资方式，而欧美等发达国家的直接融资比重高达80%—90%，众多企业通过资本市场获取发展资金，并接受社会大众监督，是一种较为健康的融资方式。例如美国，其债券市场规模也很庞大，是股票市场的两倍多，且美国债券市场规模位居全球第一，2017年美国债券市场规模高达40万亿美元，纽交所的股票市值总额大约为20万亿美元。债券的品种也很多，包括国债、联邦机构债券、市政债券、企业债券、抵押贷款相关债券、资产支持债券，其中国债是规模最大的品种，其次是抵押贷款相关债券和企业债券。虽然目前我国债券市场规模也在不断扩大，截至2017年底，我国债券规模已经达到约11.4万亿美元，仅次于美国和日本，位居第三。但是，我国债券市场的投资者中仍以机构投资者为主，且个人投资者所占比例仍然较低，结构较为单一。其中机构投资者以国有商业银行、股份制商业银行、城市商业银行、保险公司以及基金管理公司等为主。

三、政策性银行未能对境外投资提供充分的金融支持

目前，政策性银行对海外信贷的政策支持具有倾向性，未能对境外投资提供充分的金融支持。

我国为对外投资企业提供信贷支持的主要是国家开发银行和中国进出口银行，随着中国企业“走出去”步伐加快，加上“一带一路”建设的深入推进，中国进出口银行对企业的融资服务规模提升。其中，进出口银行在支持“一带一路”建设过程中发挥了重要作用，其中支持建设了蒙内铁路、中老铁路、亚吉铁路、匈塞铁路、瓜达尔港等一批标志性项目，截至2018年一季度末，中国进出口银行支持建设“一带一路”项目的贷款余额高达8 300亿元，占整个进出口银行表内贷款余额的28%。然而，中国进出口银行主要业务仍然是进出口信贷，所能提供给中小型对外投资企业的资金规模仍然非常小，并未能够解决私营企业境外投资的融资困境。而且只有符合国家海外投资发展规划的项目类别和对国家利益有重大影响的投资项目能够优先获得银行的贷款申请。因此，能够获得融资支持的企业都是国有企业和大中型企业，中小型企业在海外投资过程中所能够获得金融支持非常有限。对于中小型私营企业来说，必须要通过进出口银行的重重审批，经历多且繁杂的手续，以及付出相对较长的时间成本，或许才能够获得贷款申请。这些不利条件都极大地限制了对外投资企业的融资需求，甚至错过最佳的投资时机。当下，中国尚未成立能够专门为民营企业尤其是中小型企业提供金融支持的服务型商业银行。

四、金融政策的支持力度不够

目前，金融政策的支持力度不够，专项资金规模偏小，惠及面窄。在中国，中小型企业能够获得融资的渠道主要包括：一是通过银行和担保机构的融资；二是通过上市在资本市场直接获取资金进行融资；三是争取各级政府专项资金的支持；四是包括股份合作、私人借款、高利贷等种种形式的自筹资金等。因此可见，获取中央或地方政府专项资金支持对中小型企业来说，是一个非常重要的融资渠道。当下，我国针对对外投资企业的专项资金支持主要有“中小企业国际市场开拓资金”“对外经济技术合作专项资金”“境外经贸合作区资金”以及“外经贸发展专项资金管理办法”等，具体见表5-2。由此可见，这些专项资金的规模仍相对较小，且惠及的面较窄，最重要的是中小型企业申请过程中面临程序繁杂和周期长等缺点。再加上民营企业对此类专项资金的认知程度较低，更是加大了获取融资支持的难度。具体看来，对海外投资企业进行金融政策支持的措施仍以对固定成本和经营成本的补贴、提供低息或无息贷款等方式为主，这其中能够满足条件获取融资支持的仍然以国有企业和中大型企业为主，其获得融资的比例显著高于民营企业，同时，国有企业还能够获得外汇、返销配额等方面的优惠，而民营企业很少享有这种政策优惠。其中有一半以上的对外投资的民营企业难以获得国家的金融政策的支持，在获得支持的少部分民营企业中，获得支持资金规模十分有限。另外，国家过于严厉的海外融资规定也更加限制民营企业依靠海外市场进行融资。这也导致很多对外投资企业在进行海外直接投资时往往倾向采用跨国并购的方式。虽然跨国并购是发达国家企业对外直接投资的首要选择，但是对于中国来说，由于海外并购的成功概率相对较小，加之我国监管机构对民营企业在国际上发行股票和债券的限制较多，这也使得我国民营企业在实际操作中进行海外融资的渠道不通畅，难以利用海外市场资金成本低的有利条件。

表5-2 中国企业对外直接投资的政府专项资金支持

年份	资金名称	企业申请条件
2000	中小企业国际市场开拓资金	
2001	对外承包工程保函风险专项资金	资产总额度在8 000万元人民币(含)以上，所有者权益在1 500万元人民币(含)以上，并连续两年赢利的企业均可以申请
2005	对外经济技术合作专项资金	直接补助和贴息
2008	境外经贸合作区资金	
2014	外经贸发展专项资金管理办法	贷款贴息、报废补助、资木投入、受奖补、先预拨后清算

• 数据来源：根据商务部发布公告数据，经作者整理而得。

由此可见,在中国,部分优质的民营企业具有较高的生产效率,不满足于国内市场,主动走出国门拓展他国市场,但是各方面的因素制约,导致这些民营企业的融资需求一方面较难获得国内金融支撑,另一方面无法依靠海外市场进行融资,限制企业“走出去”步伐和海外市场的业务拓展等。当下,中国经济需要往高质量方向转型发展,对外直接投资对于中国企业转型升级具有重要的战略意义。

第三节　化解对外投资企业融资困境的对策

通过前文的分析发现,我国对外投资企业(其中以民营企业为主)一般存在着融资渠道不畅、资金成本较高等困境,影响企业海外业务的拓展,加上我国金融支持政策对不同所有制企业的支持力度不同,尤其是近几年伴随着我国企业对外投资热情不断提高,融资约束逐渐成为制约企业“走出去”的重要因素之一。为此,需要发挥资本市场支持企业发展的优势,提高企业尤其是对外直接投资企业直接融资比重,其中,2017 年 7 月 14 日—15 日召开的第五次全国金融工作会议指出:“把发展直接融资放在重要位置,通过完善证券融资市场发行交易制度,改善间接融资和金融机构治理结构,覆盖金融服务体系不健全的小微企业、‘三农’和偏远地区,构建有效竞争的金融体系,服务实体经济健康发展。”因此,本节立足我国金融市场发展的角度,从金融市场建设角度、企业自身发展角度以及政府政策制定角度,给出相关政策建议,为化解我国企业对外投资的融资困境提供借鉴。

一、金融市场建设角度

从金融市场建设角度来看,应加快完善多层次资本市场建设,畅通直接融资渠道。

首先,应该加快完善直接融资渠道建设。其中如完善和健全股市中的主板市场、创业板市场、中小板市场以及场外市场，例如完善新三板市场体系建设，在风险整体可控的前提下尝试推出国际板市场等。另外，还需要加强主板市场、创业板市场和中小板市场之间的联系和互动，健全和完善转板机制建设。

其次，降低股权融资成本，提高企业进行股权融资的积极性。限制企业进行股权融资的重要的因素之一是企业发行股权的成本过高，如何简化企业股票上市的发行成本，减少冗繁的审批程序，缩减一些不必要的审核流程等，使得证券投资机构和中介结构在发行股票过程中具有一定的定价权，同时这也是发挥金融市场价值发现功能的重要体现，并不断推进股票发行制度的改革。在提高股票发行透明度的同时，有效防范权力的过度利用，造成寻租行为，真正做到公平、公正、公开的原则。

再次，有效降低股票的交易成本。这需要各个证券公司自身功能的升级和整体配合能力的提升，加快证券机构朝着全能型、大型化方向趋势发展，同时还应该合理利用规模优势降低股票的交易费用，提高股票的流通性，降低股市风险，提高投资者参与资本市场的积极性。

然后，推动债券市场建设和发展。优化债券发行机制，降低债券发行成本，提升债券品种多样化程度。在降低企业债券违约风险的同时，提高企业发行中长期债券的规模，保持各个种类债券发行比例均衡。值得注意的是，在债券市场监管体系建设方面，需要建立风险可控的可转债、上市公司债和企业债的统一监管体系，完善债券市场的信息披露制度，以及加强发债企业的信用提升建设，健全信用评级制度。

最后，鉴于企业融资渠道仍以银行信贷为主的现状，金融机构需要不断开发信贷融资产品，丰富融资渠道。其中如借助各类基金如私募基金、产业基金、股权投资基金和主权财富基金等金融工具，为对外投资企业提供可供选择的多样化的融资渠道。

二、企业自身角度

从企业自身角度来看，应加快企业发展和进步，提升自身融资能力。一是注重自身生产效率的提高，加强自主创新能力培育，提升企业赢利能力和偿债能力。二是注重自身信用体系建设和维护，提高企业信用水平。其中企业财务信息的及时披露和发布是提高信用等级的关键，这也会正向促进银行对企业授信决策，同时还应该主动与银行保持良好的沟通等。三是企业也需要及时了解和学习各种创新型融资方式，创造条件进行海外融资，通过不断学习海外投资的相关法律和法规等，为企业"走出去"奠定基础。四是企业自身需要加强风险机制建设，培养风险意识，尝试建立风险准备金制度。通过深入研究海外投资风险，并及时采取有效措施防范，保障企业对外投资的风险规避。五是企业尤其是民营企业需要重视内部资金的有效使用和积累。在能够获取内部资金使用的前提下，可以有效避免不必要的成本支出，自由资金充足也是企业进行海外投资的重要保障。另外，企业保有大量留存收益，也是企业能够缓解融资约束，参与国际竞争的重要因素。六是加强民营企业之间的联系，形成紧密的联系和合作，也是企业对外投资解决融资约束的重要手段。除了获取银行等金融机构提供信贷支持和自身加强进步获取自有资金外，加强企业之间的合作也显得尤为重要。企业孤立发展步入抱团取暖，尤其是民营企业，可以通过建立互助担保基金，帮助进行海外市场拓展的企业渡过资金紧缺的困境。

三、政府角度

从政府角度来看，应强化金融支持体系建设，正确引导民间金融市场的融资功能。对于政府来说，需要完善我国政策性金融支持体系，有效帮助对外投资企业获取资金支持。根据发达国家企业国家化发展经验可知，企业进行外直接投资初期，需要政府给予金融支持，且这种金融政策支持具有重要的引导作用,能够帮助企业顺利度过海外投资的适应期。因此,政策性金融支持不仅可以通过向海外投资企业和项目提供相对优惠的融资支持与风险保障,降低企业海外投资起始风险,还可以通过为企业商业性融资提供融资性担保,从而增加商业性资金的介入意愿。因此,我国政府需要做的有以下几个方面:一是加大政策性金融支持力度和覆盖范围,保证对外投资企业能够及时有效地获取所需资金。目前,我国政策性金融支持的大多以国有企业为主,投资的领域也主要以能源、资源等战略性领域为主,民营企业一般很难获取资金,同时也不能满足企业对外投资的长期稳定的资金需求。因此,我国进出口银行和国家开发银行需要扩大海外投资企业的支持范围,提高专项资金投入。二是增强政策性金融机构为企业提供海外投资融资服务和经济保险服务的同时,加强对重点国别的产业政策研究及重点行业的风险研究,帮助"走出去"企业应对、防范和化解潜在投资风险。三是正确引导民间金融资本市场。健全和完善民间金融市场法律法规,引导民间金融朝着能够推动我国经济发展的方向服务。同时,确保民间金融市场规范化,加强监管,确保风险降到最低。四是加大对一部分优质对外投资的民营企业政策倾斜力度,提高专项资金投入,为企业顺利进行海外投资保驾护航。其中例如为企业提供税收减免等税收优惠等。另外,加强建设海外投资保障制度也显得十分重要,良好的保障机制和退出机制才能够最有效地降低或避免企业在海外投资中的风险。

第六章
中国整体营商环境的建设与完善

通过改革开放四十年的发展，中国在经济建设领域取得了重大成就，如果以数量指标来测度的话，近年来中国不仅 GDP 总量全球第二，更有货物贸易总量全球前二位、制造业产出规模全球第一、对全球经济增长贡献近三分之一等多项突出表现。当前，中国经济已经进入“新常态”，发展重点从粗放的规模扩张转为高质量发展，更加强调经济的创造力、生产效率。营商环境建设正是制度创新的重要组成部分，既是一国或地区软实力的体现，也是未来持续发展的核心竞争力所在。

从国内外的发展经验来看，营商环境建设对经济增长、结构转型、提升效率、扩大开放等方面均有重要作用，中国过去取得的经济成绩离不开相关制度的改善。中共十八大以来，我国更是高度重视营商环境问题，将打造良好的营商环境作为建设现代化经济体系、促进高质量发展的重要举措，中央和地方政府出台了一系列优化营商环境相关政策，持续推进“放管服”改革，并且取得了积极成效。根据世界银行发布的《营商环境报告》（*Doing Business*），2017 年我国营商环境在全球 190 个经济体中仅位列 78 位；2018 年时实现跨越式提升，位列全球第 46 位。未来中国将以全球前沿国家营商环境水平为奋斗目标，持续推进国内改革，不断提高国际竞争力。

第一节　营商环境建设对经济发展的重要性

从文献来看，营商环境概念非常丰富，包含了企业整个生命周期中所有有影响的因素之和，是一国竞争力的体现，既包括硬实力如国家的基础设施、人力资本、地理位置、资源矿产等，也包括软实力如产权制度、投资者保护、进入壁垒、税收体系、劳动法规等。这些多种多样的因素一方面影响国内外企业家来本地创新创业的意愿，另一方面也影响已成立的企业的投资规模、研发投入、生产效率等。良好的营商环境有助于企业增加投资意愿、加强市场竞争，进而为社会提供更多就业机会、更高质量商品，使经济更快更好发展。本小节首先梳理营商环境的概念定义，然后通过文献回归来总结营商环境对经济发展的重要作用。

一、营商环境概念与定义

“营商”这一词汇主要来源于对英文词汇 doing business 的翻译①，初期也有“经商”“做生意”等其他直译，在 2004 年后“营商”的称呼方式逐渐成为主流。根据世界银行 2004 年发布的第一期《营商环境报告》（*Doing Business in 2004*），“营商环境”与“经营环境”“商业环境”“投资环境”属于同义词，只是所强调的环境要素略有差异，如“投资环境”侧重与投资相关的政策②，而“营商环境”则更关注中小企业在当地经营所需要面对各类要素和风险问题（张志铭、王美舒，2018③）。

从定义来说，“营商环境”是指在企业整个生命周期（从登记、设立、运营、变更到结束）中所有影响企业活动效率、经营质量的要素总和，涵盖了政治文化、经济政策、法律法规、社会环境乃至自然环境质量等各方面要素，等同于一国竞争力（李明阳，2018④；王靖，2018⑤；张志铭、王

① 根据张志铭、王美舒(2018)的梳理，“营商”这一叫法在 2004 年前比较少见，主要见于中国香港地区，后来根据世界银行对其报告 *Doing Business* 的官方中文翻译《营商环境报告》，“营商”用法在大陆地区成为主流，目前在中国台湾地区仍翻译为《经商环境报告》。

② 如 2005 年世界银行发布的《世界发展报告》(*World Development Report*)中就定义“投资环境”(investment climate)为与本土企业投资生产、创造就业岗位、扩大规模的激励和机会相关的所有本土要素的集合。

③ 张志铭，王美舒．中国语境下的营商环境评估[J]．中国应用法学，2018(15)：29—37．

④ 李明阳．“放管服”政策背景下北京市营商环境研究评述[J]．经济研究导刊，2018(31)：130—145．

⑤ 王靖．从纳税指标入手优化税收营商环境[J]．中国市场，2018(12)：148—149．

美舒,2018)。这个概念非常宽泛,因此需要分类来进行讨论。

在2005年世界银行发布的《世界发展报告》(*World Development Report*)中,"投资环境"(investment climate)主要分为成本(cost)、风险(risk)、竞争阻碍(barriers to competition)三类因素,注意这里主要是讨论政府行为可以直接影响的部分,如"成本"因素包括税收体系、基础设施完善程度、合同执行困难程度、犯罪和腐败①等;"风险"因素包括政策不确定性、宏观经济稳定性等②;"竞争阻碍"因素则主要包括与企业进入、退出相关的部分政策法规。在世界银行《营商环境报告》评价体系中,"营商环境"可以更细地划分为11个子领域,包括开办企业、办理施工许可、电力供应、登记财产、获得信贷、保护少数投资者、纳税、跨境贸易、执行合同、办理破产、劳动力市场监管。

考虑到营商环境概念非常丰富,在讨论其对经济增长的作用时候,需要细分领域来区分作用机制。

二、营商环境与经济增长:理论机制

一般来说,研究普遍认为良好的营商环境(如更低的经营成本、更小的政策法规风险、更公开透明的政府监管等)有助于促进经济更快增长,虽然从营商环境的各细分领域来看机制略有差别,但是其对经济发展主要作用渠道大致可以总结为两类:增加创业活动以及促进企业投资。一方面,良好的营商环境能够有效降低企业进入和退出市场的成本,增加企业家创业活动,增强整个市场的竞争水平,然后通过优胜劣汰的市场选择规律来检验企业赢利能力,通过此类动态过程推动整个市

① 世行投资环境调查中会询问各国企业在经营中遭遇的偷窃损失、采取安保措施的花费等,以此度量犯罪带来的直接和间接成本增加;类似的,腐败也包括贿赂行为花费和与官员、政府打交道的时间成本等。

② 在世界银行2005年报告对48个国家的企业统计来看,政策相关风险问题非常突出,有28%的企业认为"政策不确定性"是其面临的最重要的风险约束、23%的企业认为"宏观经济不稳定"是最重要风险,远超对其他问题如税收(19%)、腐败(10%)、电力(2%)等的关注。

场不断进步发展、提高效率，这也正是经典的熊彼特“创造性破坏”理论；另一方面，良好营商环境有助于提升企业投资意愿，通过促进企业开展投资研发、购置设备、扩大生产、进出口贸易等一系列市场经营行为，能为当地创造更多就业机会、提升本土企业生产率，从而促进经济更快发展。

（一）降低市场进入限制带来社会福利提升

与创业活动最为相关的营商环境细分领域就是“开办企业”的成本。Djankov等(2002)通过对85个国家开办企业所需成本的研究显示，各国的市场进入管制存在较大差异，这既体现在货币费用上，也体现在流程复杂度以及所需的时间成本上①。例如一名莫桑比克的企业家需要经历19道流程、等待149天时间、支付256美元费用才能获准成立一家企业；意大利的企业家需要经历16道流程、62天时间和3 946美元费用；加拿大的企业家只需2道流程、2天时间以及280美元费用就可以开始经营自己的生意。

理论上，经济界对于政府如何设定“开办企业”的管制标准存在较大争议。公共利益理论(public interest theory)支持政府设定较高的准入标准，他们认为筛选出高质量企业进入市场可以缓解市场失灵问题(如劣质产品和环境污染等)，进而提高社会整体福利。与此相对，公共选择理论(public choice theory)则认为，过高的准入标准只会带来市场扭曲和寻租行为，最终是市场中在位厂商和政府获利，而不会给消费者带来好处。Djankov等(2002)的实证结果更支持后者，即市场进入管制越严格、开办企业成本越高的国家往往会有更严重的腐败问题，高开办企业成本只会带来更大规模的“地下”市场，而且正规市场中商品质量也没

① 从Djankov等(2002)对85个国家开办企业门槛的测算结果来看，各国之间三类指标的差异均非常大：(1)开办企业的流程数量最低为2项(加拿大)、最高为21项(多米尼加共和国)，全部样本平均流程数约为10项；(2)办理全部流程的等待时间最低为2天(澳大利亚、加拿大)、最高为152天(马达加斯加)，样本平均等待时间为47个工作日；(3)开办企业花费费用占年度人均GDP的比重最低为0.5%(美国)，最高为4.6倍(多米尼加)，样本平均值约为47%。

有得到提升。

（二）改善营商环境促进企业投资增加

在各国经济中，本土企业的投资占GDP比重一般都远高于外商直接投资，因此如何促进这部分企业扩大投资非常重要，营商环境正是其中重要影响因素，这里营商环境包含范围较广，既包括基础设施、人力资本等“硬”条件，也包括制度环境、财产保护、政策预期等“软”条件。

基础设施建设水平对企业生产和投资有较大影响。研究显示，完善道路网络布局、提升路况和路面质量能够有效减少企业在生产和运输环节的成本，保障企业对水、电力等基础设施的接入，能提升企业生产能力、避免停电停水的生产损失，还能节省一大笔用于建设备用能源的开支；随着科技进步，近年来企业对电信相关基础设施的要求也在日益提升，接入电信设备能够缩小地理距离、提升员工劳动生产率，这对进出口企业作用尤其突出。与此相对，基础设施缺乏与不完善会给企业发展造成明显阻碍，一方面增加企业生产和经营成本，另一方面也阻碍了企业增加投资、扩大生产的意愿。Geginat & Ramalho(2015)[①]对世界183个经济体的企业电力接入情况进行了调查，发现低收入国家中一家新企业接入电力平均花费时间在发达国家的2倍左右，成本在70倍左右，并且接入电力的难易程度也会影响企业表现，花费更少的地区往往企业表现更好，这在电力需求较大的行业中更为明显。Iimi(2011)[②]对东欧和中亚26个转型经济体研究也显示，消除停电问题平均能减少企业1.3%—1.4%的成本；消除停水问题能减少企业0.5%的成本，带来0.5%—6%的GDP增长。

① Geginat C, Ramalho R. Electricity Connections and Firm Performance in 183 Countries[J]. Policy Research Working Paper, 2016.

② Iimi A. Effects of Improving Infrastructure Quality on Business Costs: Evidence from Firm-Level Data in Eastern Europe and Central Asia[J]. Developing Economies, 2011, 49(2):121—147.

税收对企业投资以及经济发展有较大影响，Djankov 等(2010)[①]对2004 年全球 85 个经济体中企业所得税的研究发现，税率对投资、外商直接投资(FDI)和企业家创新创业活动均有较大影响，他们的结果显示，税率每提高 10 个百分点，则企业投资率会减少 2.2 个百分点(平均投资率为 21.5%)，外商直接投资会减少 2.3 个百分点(平均 FDI 投资率为 3.36%)，以每百人拥有企业数度量的商业密度会减少 1.9 家企业(平均每百人拥有企业数为 5 家)、企业平均进入率会减少 1.4 个百分点(平均数为 8)。

对世界各国的经验研究显示，产权保护、政策可预见性等制度完善有助于提升企业投资意愿。从公司内部治理来看，对投资者权益的保护(特别是中小股东保护)非常重要。如果在对投资者权益保护不足的国家中，控股股东或者管理层人员可以通过一系列方式[②]实现转移公司财产，最终侵害中小股东的应得利益。如世界银行 2005 年《世界发展报告》对波兰、罗马尼亚、俄罗斯、斯洛伐克、乌克兰等国的研究发现，认为自身产权很安全的企业投资率显著更高，其利用利润再投资的比重相比对照组(认为产权并不安全的企业)提高了 14%—40%。产权保护对个体经营者的投资行为也有拉动作用，如世界银行(2005)对泰国的研究发现，认为自己土地更安全的农民也明显更愿意进行投资，使得其产出的比率比同等质量土地上的对照组(认为土地不安全的农民)高出 14%—25%，即较为完善的财产保护制度会提升经营者投入。

此外，根据世界银行 2005 年对 80 个国家的调查数据，仅靠提高政府政策可预见性(policy predictability)就能使得企业提高投资概率增加

---

① Djankov S, Ganser T, Mcliesh C, et al. The Effect of Corporate Taxes on Investment and Entrepreneurship [J]. American Economic Journal Macroeconomics, 2010, 2(3):31—64.

② 如行政特权、内定转让定价、过高管理层薪酬、金融资产交易、增发股票或贷款、通过盗窃或欺诈获取公司财产等方式，可见 Djankov 等(2008)。

超过30%[①]。Djankov等(2010)[②]采用98个经济体的数据显示,贸易成本也对经济有较大影响,产品从出厂到装船起运前每多延误一天,就会导致该经济体的贸易减少一个百分点,其中增加的成本等同于该国与贸易伙伴距离延长70千米[③]。

三、营商环境与经济增长:来自中国的证据

在国内对营商环境与经济增长关系的研究主要采用地区数据,并且结论也支持良好营商环境有利于提升市场活力、拉动经济增长。董志强等(2012)[④]主要采用中国30个大城市数据,其中营商软环境数据来自2008年的世界银行对中国部分城市的营商环境报告,测度了开办企业、登记物权、获得信贷、强制执行合同4项影响企业开办经营便利程度的指标,他们的研究发现,良好的营商制度软环境能够显著促进国内城市经济发展,研究已控制了气候、地理、经济政策、经济初始条件、资源禀赋等要素。其中,方颖和赵扬(2011)[⑤]使用中国47个地级市城市数据,发现产权制度完善对经济增长有显著正向作用,他们的结果显示,产权制度实施的完善程度每提高0.01个单位,就能带动当地人均GDP提高4.23个百分点,这一结果在控制了各城市到沿海距离、人力资本、初始经济发展水平等变量后仍然较为稳健。

此外,考虑到服务业对制度敏感度很高,营商环境对服务业规模和

---

① 世界银行报告《2005年世界发展报告》指出,根据政策可预见性的提升程度不同,企业投资意愿提升幅度也存在差异,当政策可预见性进行了微小、中等、显著这三类程度的提升,企业投资意愿会增加接近2%、12%、33%。

② Djankov S, Freund C, Pham C S. Trading on Time[J]. Review of Economics & Statistics, 2010, 92(1): 166—173.

③ Djankov等(2010)列举了一个例子,如果乌干达能够将该国商品平均的出厂到装船时间从58天减少到27天,那么乌干达的整体出口额能够增加31%,效果等同于乌干达与其主要贸易伙伴靠近了2 200千米距离。

④ 董志强,魏下海,汤灿晴. 制度软环境与经济发展——基于30个大城市营商环境的经验研究[J]. 管理世界,2012(4):9—20.

⑤ 方颖,赵扬. 寻找制度的工具变量:估计产权保护对中国经济增长的贡献[J]. 经济研究,2011(5):138—148.

占经济比重的影响可能更大，江静(2017)[①]基于2003—2016年世界银行公布的《全球营商环境报告》的实证研究表明，国家的营商环境排名每提升1%，可以使该国服务业占GDP比重提升0.236个百分点。从细分指标来看，财产登记、获得信贷、投资者保护、缴纳税款、合同执行等指标对服务业占GDP比重的提高有显著的正向作用。在133个样本国家中，投资者保护指标对服务业比重提升影响最大，在经济合作与发展组织(OECD)国家中则是财产登记，金砖国家中是合同执行指标。

第二节　中国营商环境发展趋势与国际比较：基于世界银行《营商环境报告》

当前，世界银行每年发布的《营商环境报告》是营商环境领域最具全球影响力的研究和评价指标，为世界上各经济体的发展和改革提供了参考。根据世界银行数据，自从2005年的《营商环境报告》发布以来，其衡量的190个经济体实施了3 500余项商业监管改革，在最近的2017年6月至2018年5月年度，共有128个经济体实施了314项商业环境监管改革[②]，达到创纪录的改革高峰。因此，本小节我们主要采用世界银行的《营商环境报告》的环境来评估中国近年来营商环境变化趋势以及与前沿国家的差距所在。

一、世界银行《营商环境报告》评价指标体系

世界银行自2002年起动了《营商环境报告》项目，并于2003年首次发布报告，在首份报告中包括5项指标和133个经济体，到2019年时已经扩展到11项指标和190个经济体，评价年度一般是上年6月到次年

---

① 江静. 制度、营商环境与服务业发展——来自世界银行《全球营商环境报告》的证据[J]. 学海，2017(1).

② 分地区、分项目的改革细节可见世界银行营商环境报告项目网站：http://chinese.doingbusiness.org/zh/reforms/reforms-count。

5月。对于世界上绝大多数经济体,世界银行会选择其最大的商业城市作为评价对象,从2014年起,世界银行对11个人口超过1亿的经济体[①](包括中国在内),也将其第二大商业城市放入评价体系当中,加权权重按照两大商业城市人口数量进行。如2019年的营商环境报告中对中国的评级就包括上海和北京两个城市,指标权重分别为55%和45%。

世界银行《营商环境报告》每年公布两类指标:一类是对在当地经营企业的难易程度打分,一类是基于分数的全球排名。当前,世界银行《营商环境报告》主要评价指标包括10个大类:开办企业,办理施工许可证,获得电力,登记财产,获得信贷,保护少数投资者,纳税,跨境贸易,执行合同和办理破产,从2011年起劳动力市场监管指标暂时不在评估和排名内。这10个大类下都包含3—5个细分指标,最新的营商环境报告合计包含41个细分指标。需要特别注意的是,《营商环境报告》并不讨论的指标包括:宏观经济政策、安全、人口的劳动技能、金融制度的健全性、金融市场的监管规则[②]。也就是说,本节基于世界银行讨论的《营商环境报告》评价体系更侧重从微观层面讨论企业发展周期影响因素(以本土企业面临的经营环境为主),而不是更宏观的资源、禀赋、市场等。

表6-1 世界银行《营商环境报告》指标体系变化(2004—2019年)

指标	年份	指标体系演变
开办企业	2004	手续(个)、时间(天)、成本(美元、%人均收入)、最低资本要求(%人均收入)
	2017	首次增加性别维度,即在原有指标基础上区分为男性、女性两类
执行合同	2004	手续(个)、时间(天)、成本(美元、%人均收入)、程序复杂指数(0—100)
	2005	手续(个)、时间(天)、成本(%债务)
	2016	剔除“手续”指标,增加“司法程序质量(0—18)”指标
	2017	“司法程序质量”指标中新增“女性证词权重”维度

① 这11个国家分别为:孟加拉国、巴西、中国、印度、印度尼西亚、日本、墨西哥、尼日利亚、巴基斯坦、俄罗斯和美国。

② 参见世界银行营商环境报告项目官方网站 http://www.doingbusiness.org/。

（续表）

指标	年份	指 标 体 系 演 变
获得信贷	2004	公共信贷登记处覆盖面(借方/1 000 人)、公共信贷登记处覆盖范围指数(0—100)、私营信贷社覆盖面(借方/1 000 人)、贷方权力指数(0—4)
	2005	抵押成本(%人均收入)、法律权力指数(0—10)、信贷信息指数(0—6)、公共信贷登记处覆盖面(借方/1 000 成人)、私营信贷社覆盖面(借方/1 000 成人)
	2006	去除"抵押成本"指标,将"借贷信息"指标更新为"借贷信息深度(0—6)"指标
	2015	将"公共信贷登记处覆盖面(借方/1 000 成人)、私营信贷社覆盖面(借方/1 000 成人)"指标更新为"借贷登记处覆盖面(%成人)、信贷社覆盖面(%成人)"
获得电力	2010	手续(个)、时间(天)、成本(%人均收入)
	2016	增加"供电可靠性以及电费透明度(0—8)"指数
关闭企业	2004	时间(年)、成本(%财产)、绝对优先权保留(0—100)、效用指数(0,1)、破产目标指数(0—100)、法庭权力指数(0—100)
	2005	破产时间(年)、破产成本(%资产)、回收率(%债务额)
	2012	将"关闭企业"类别名称改为"办理破产"
	2015	增加"破产框架力度(0—16)指数"
跨国贸易	2006	出口文件(个)、出口签字(个)、出口时间(天)、进口文件(个)、进口签字(个)、进口时间(天)
	2007	提出"进出口签字"指数,增加"进口成本(美元/集装箱)"和"出口成本(美元/集装箱)"指数
	2016	出口耗时(单证合规小时、边界合规小时、国内运输小时),出口成本(单证合规美元、边界合规美元、国内运输美元),进口耗时(单证合规小时、边界合规小时、国内运输小时),进口成本(单证合规美元、边界合规美元、国内运输美元)
纳税	2006	纳税(次)、时间(小时/年)、总税负(%毛利)
	2007	总税负计算剔除了消费税,增加了雇主为劳工负担的所有税负;总税负以税负/商业利润(净利润)得出
	2017	增加了对税后流程的考察,包括退税、税务审计和行政税务上诉
保护投资者	2005	披露指数(0—7)
	2006	披露指数(0—10)、主管责任指数(0—10)、股东诉讼指数(0—10)、保护投资者指数(0—10)
	2015	将"保护投资者"更新为"保护少数投资者"、调解纠纷指数(0—10)、股东治理指数(0—10)、少数投资者保护力度指数(0—10)
登记财产	2005	手续(个)、时间(天)、成本(%资产)
	2016	增加"土地管理质量指数(0—30)"
	2017	首次增加性别维度,对土地管理质量指数进行扩展,增加了财产权平等情况
申请许可	2006	手续(个)、时间(天)、成本(%人均收入)
	2009	将"申请许可"更新为"获得建筑许可"
	2015	将"成本(%人均收入)"更新为"成本(%仓库价值)"
	2016	增加"建筑质量控制指数(0—15)"

• 数据来源:表中 2004—2016 年指标变化来源于钟飞腾和凡帅帅(2016),"雇用工人"大类指标因为 2011 年后不再计入指标当中,因此删去;表中 2017 年指标变化为作者自行根据世界银行报告整理,2018—2019 年指标系统未变化。

当前对于世界银行的报告评价体系也存在一定批评，主要在于世行这套评价标准主要是发达国家基于新自由主义思潮设计(钟飞腾和凡帅帅，2016)，主要从法律、制度等角度来找寻经济发展的动力，将政府监管视为私营企业发展的阻碍，忽略了讨论政企关系的公共利益理论合理性[①]。世界银行独立评估机构(Independent Evaluation Group)也对营商环境原则假设提出异议，即对企业个体有利的监管环境不一定能够带来整个社会经济发展和福利提升。此外，报告指标和数据的搜集和处理也存在一些问题，如未重视发展中国家的特殊性、面向中小企业、每个国家只包含一个城市不能反映地区性差异、评估时假设了标准营商情景、每项指标赋予相同权重等问题。

二、中国整体营商环境发展趋势与国际比较

根据世界银行历年发布的《营商环境报告》，中国近年积极展开改革、获得较快进步。在2014年中国总体评分为62.58分，距离100分前沿国家相比仍有较大距离，在全世界189个经济体中排名第90位(见2015年报告)，到2018年时中国评分已经升至73.64分、世界排名第46位(见2019年报告)，首次进入全球前五十名，位列当年全球营商环境提升最快十个经济体之一[②]。

从2019年报告最新评分和排名来看，中国细分项目中表现最突出为：执行合同(全球第6位)、获得电力(第14位)、登记财产(第27位)、开办企业(第28位)，均在全球前三十名，超过中国2019年整体排名(46位)。表现紧接其后的项目为：办理破产(第61位)、保护少数投资者(第64位)、跨境贸易(第65位)、获得信贷(第73位)，均位于全球前100名。中国2019年细分项目中排名在100名之外的仅有两项：纳税

① 钟飞腾，凡帅帅. 投资环境评估、东亚发展与新自由主义的大衰退——以世界银行营商环境报告为例[J]. 当代亚太，2016(6)：118—154.

② 2019年报告中罗列的全球进步最快经济体为：阿富汗、吉布提、中国、阿塞拜疆、印度、多哥、肯尼亚、科特迪瓦、土耳其和卢旺达。

(第 114 位)和办理施工许可证(第 121 位),目前仍有待政策发力改善,也将是未来提升营商环境的主要突破点。

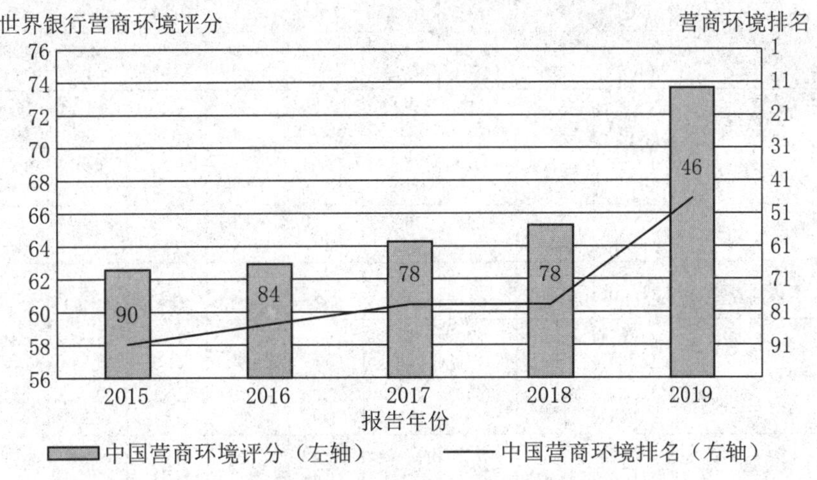

图 6-1　中国营商环境发展情况(2015—2019 年)

• 数据说明:图中数据均来源于世界银行历年《营商环境报告》。世界银行 2015 年对营商环境报告评分体系进行了较大修改,为可比性考虑这里仅保留 2015 年后评分和排名。评分以前沿国家为 100 分,中国的历年得分可以测度与营商环境前沿国家整体差距情况。

从发展趋势来看,2015、2016 年中国整体营商环境排名均提升了 6 位,2017 年全球排名保持不变(评分有所增加),到 2018 年中国则进步了 32 位,是 2015 年以来提升最快的年份。从细分指标来看,中国提升最快的前五类营商环境项包括:获得电力(从 124 位提升至 14 位)、开办企业(从 2015 年的 128 位提升至 2019 年的 28 位)、保护少数投资者(从 132 位提升至 64 位)、办理施工许可证(从 179 位提升至 121 位)、跨境贸易(从 98 位提升至 65 位)。与此相对,我国在 2015—2019 年间提升较慢的前五类营商环境细分项目包括:办理破产(从 53 位降至 61 位)、获得信贷(从 71 位下降至 73 位)、纳税(从 120 位提升至 114 位)、登记财产(从 37 位提升至 27 位)、执行合同(从 35 位提升至第 6 位)。

表 6-2 中国营商环境主要指标发展趋势(2015—2019 年)

指　　标	2015 年	2016 年	2017 年	2018 年	2019 年	2015—2016	2016—2017	2017—2018	2018—2019
总　　分	62.58 (90)	62.93 (84)	64.28 (78)	65.29 (78)	73.64 (46)	0.35 (6)	1.35 (6)	1.01 (0)	8.35 (32)
开办企业	77.43 (128)	77.46 (136)	81.02 (127)	85.47 (93)	93.52 (28)	0.03 (−8)	3.56 (9)	4.45 (34)	8.05 (65)
办理施工许可证	43.75 (179)	48.29 (176)	48.52 (177)	47.28 (172)	65.16 (121)	4.54 (3)	0.23 (−1)	−1.24 (5)	17.88 (51)
获得电力	66.35 (124)	68.66 (92)	68.73 (97)	68.83 (98)	92.01 (14)	2.31 (32)	0.07 (−5)	0.1 (−1)	23.18 (84)
登记财产	80.67 (37)	75.02 (43)	76.15 (42)	76.15 (41)	80.8 (27)	−5.65 (−6)	1.13 (1)	0 (1)	4.65 (14)
获得信贷	50 (71)	50 (79)	60 (62)	60 (68)	60 (73)	0 (−8)	10 (17)	0 (−6)	0 (−5)
保护少数投资者	45 (132)	43.44 (134)	45 (123)	48.33 (119)	60 (64)	−1.56 (−2)	1.56 (11)	3.33 (4)	11.67 (55)
纳　　税	67.44 (120)	64.46 (132)	60.46 (131)	62.9 (130)	67.53 (114)	−2.98 (−12)	−4 (1)	2.44 (1)	4.63 (16)
跨境贸易	71.68 (98)	69.13 (96)	69.13 (96)	69.91 (97)	82.59 (65)	−2.55 (2)	0 (0)	0.78 (−1)	12.68 (32)
执行合同	68.21 (35)	77.56 (7)	77.98 (5)	78.23 (5)	78.97 (6)	9.35 (28)	0.42 (2)	0.25 (0)	0.74 (−1)
办理破产	55.31 (53)	55.43 (55)	55.82 (53)	55.82 (56)	55.82 (61)	0.12 (−2)	0.39 (2)	0 (−3)	0 (−5)

· 数据说明:数据来源于世界银行历年《营商环境报告》,表格中为中国营商环境的评分,括号中为对应全球排名。第一栏标注年份为报告对应年份,实际评估时间为上年 6 月至次年 5 月①。

从 2019 年国际情况来看,当前全球营商环境排行第一的经济体是新西兰,其经营难易程度得分总分为 86.59,细分项目绝大多数大部分在 80 分以上(除执行合同和办理破产两项较低),共有 4 项排名第一位,其中获得信贷项目甚至达到 100 分,代表全球最高水平。除此以外,东亚发达经济体如新加坡、韩国营商环境排名也非常高,分别位列全球第 2 和第 5 位,综合得分为 85.24 和 84.14;其中日本排名相对略低(位列全球 39 位),细分项目中"开办企业""获得信贷""纳税"等项目有待改进。传统西方发达国家美国、英国的排名也在前十位,得分均在 80 分以上,其中美国细分项中排名最低的为"开办企业"(得分为 91.23,全球排

① 举例来说,2019 年一栏对应的就是 2018 年 5 月前对中国营商环境的评估结果,2018 年一栏为 2017 年 5 月前的结果,以此类推。

名第53位),英国则为"登记财产"(得分75.34,全球排名第42位)。从金砖国家来看,俄罗斯的营商环境遥遥领先(位列全球第31位),甚至高于日本,但是印度和南非的表现较落后,分别位列全球第77位和82位,综合经商难易程度得分也在70分以下。

如果进行国际比较的话,中国2019年首次位列全球第46位,属于历史最好水平,已经超过了同期印度和南非的营商环境排名,略高于智利(全球排名第56位)。但是需要认识到,中国当前距离营商环境表现最突出的前沿国家(如新西兰、新加坡、韩国、美国等)仍有较大差距,如果以排行第一的新西兰的86.59分作为追赶对象,那么中国仍然有近13分的发展空间,能够做出较大改进,进一步解放市场活力,促进经济增长。

表6-3　中国营商环境主要指标国际比较(2019年)

指　标	中　国	新西兰	新加坡	韩　国	美　国	英　国	俄罗斯	日　本	印　度	南　非
总　分	73.64 (46)	86.59 (1)	85.24 (2)	84.14 (5)	82.75 (8)	82.65 (9)	77.37 (31)	75.65 (39)	67.23 (77)	66.03 (82)
开办企业	93.52 (28)	99.98 (1)	98.23 (3)	95.83 (11)	91.23 (53)	94.58 (19)	93.04 (32)	86.1 (93)	80.96 (137)	81.22 (134)
办理施工许可证	65.16 (121)	86.4 (6)	84.73 (8)	84.43 (10)	77.88 (26)	80.29 (17)	74.61 (48)	74.95 (44)	73.81 (52)	68.25 (96)
获得电力	92.01 (14)	83.98 (45)	91.33 (16)	99.89 (2)	82.15 (54)	96.45 (7)	94 (12)	89.88 (22)	89.15 (24)	68.79 (109)
登记财产	80.8 (27)	94.89 (1)	83.14 (21)	76.34 (40)	76.87 (38)	75.34 (42)	88.74 (12)	74.21 (48)	43.55 (166)	59.32 (106)
获得信贷	60 (73)	100 (1)	75 (32)	65 (60)	95 (3)	75 (32)	80 (22)	55 (85)	80 (22)	60 (73)
保护少数投资者	60 (64)	81.67 (2)	80 (7)	73.33 (23)	64.67 (50)	75 (15)	61.67 (57)	60 (64)	80 (7)	73.33 (23)
纳　税	67.53 (114)	91.08 (10)	91.58 (8)	86.91 (24)	84.14 (37)	87.14 (23)	79.77 (53)	71.14 (97)	65.36 (121)	81.13 (46)
跨境贸易	82.59 (65)	84.63 (60)	89.57 (45)	92.52 (33)	92.01 (36)	93.76 (30)	71.06 (99)	86.51 (56)	77.46 (80)	59.64 (143)
执行合同	78.97 (6)	71.48 (21)	84.53 (1)	84.15 (2)	72.61 (16)	68.69 (32)	72.18 (18)	65.26 (52)	41.19 (163)	54.1 (115)
办理破产	55.82 (61)	71.81 (31)	74.33 (27)	83.01 (11)	90.91 (3)	80.27 (14)	58.61 (55)	93.45 (1)	40.84 (108)	54.49 (66)

• 数据说明:表中数据来源于世界银行历年《营商环境报告》。表格中为各国营商环境的评分,括号中为对应全球排名。

三、中国营商环境改革成效突出方面

当前,我国经济已经由高速增长转向高质量增长,这对政府发展理念和管理能力提出较高要求。中共十八大以来,为更好发挥政府功能、让市场在资源配置中起决定性作用,中央持续推进"放管服"改革,着力推进简政放权、放管结合,减少政府审批环节,提高政府管理效率和服务供给能,营造完善公平竞争的市场环境。因为营商环境概念较大、包括内容广泛,这里本节主要根据 2019 年世界银行《营商环境报告》评价标准和测算结果,梳理总结中国表现最突出项目,主要包括排名最靠前的项目如开办企业(93.5 分,第 28 位)、获得电力(92.01 分,第 14 位)、登记财产(80.8 分,第 27 位)、执行合同(78.97 分,全球第 6 位)、跨境贸易(82.59 分,全球第 65 位),这些项目中国在 2019 年报告中(评价时间为 2018 年 5 月前)得分均在 70 分以上,距离国际营商环境最佳表现 100 分的距离不断缩小。

(一) 开办企业

2014 年以来,中国持续推进商事制度改革,通过落实"多证合一"[①]"一套材料、一表登记、一窗受理"等政策,大幅削减工商登记的程序、缩短企业家办理成本。上海和北京更是充分利用政府部门数据互联互通的优势,持续缩减开办企业相关营商环境,如上海于 2018 年 3 月起实施的《加快企业登记流程再造推进开办企业"一窗通"服务平台的意见》,就充分整合了各部门的网上系统,创办人只需通过"一窗通"这一个平台上就可以获知和填写开办企业所需全部数据(罗培新,2018)[②]。

---

① 为减轻企业负担,我国先推行"五证合一"改革(即"工商营业执照""组织机构代码证""税务登记证""社会保险登记证""统计登记证"五项),改变了企业办理证照需要跑工商、质检、税务、统计和人社 5 个部门、提交几十份材料、等待 40 多天时间的旧模式,转为只需要在工商一个窗口提供一份材料,3 个工作日内即可领取"五证合一"的营业执照,目前推进的"多证合一"是在五证合一的基础上新增了其他 22 项登记、备案事项。具体参见中国青年网 2017 年 7 月 27 日转载的长江日报《一套材料一表登记一窗受理》报道,网址为 http://news.youth.cn/jsxw/201707/t20170727_10382836.htm。

② 罗培新. 世界银行营商环境评估方法论:以"开办企业"指标为视角[J]. 东方法学,2018(6).

中国商事制度改革在缩减开办企业的流程和花费上成效已经在指标中得到显现,根据世界银行《营商环境报告》,2014 年在中国开办企业的流程需要 11 个环节、31.4 天,花费成本约为人均收入水平的 0.9%;通过近年来的各项改革,到 2018 年 5 月间,在中国开办企业的流程已经缩减为 4 项、8.6 天,成本也降至人均收入水平的 0.4%。2018 年中国开办企业指标得分高达 93.52 分,在全球位列 28 位,相比 2017 年提升了 65 个名次,开设企业便利度效果提升明显。

表 6-4 中国开办企业指标情况

指标名称	单 位	2014 年	2015 年	2016 年	2017 年	2018 年
排 名	—	128	136	127	93	28
总 分	—	77.43	77.46	81.02	85.47	93.52
流程数	个数	11	11	9	7	4
花费时间	天	31.4	31.4	28.9	22.9	8.6
成 本	占人均收入百分比(%)	0.9	0.7	0.7	0.6	0.4
最低资本	占人均收入百分比(%)	0.0	0.0	0.0	0.0	0.0

• 数据来源:世界银行历年《营商环境报告》。

如果与全球其他经济体进行比较,中国 2018 年开办企业所需流程数(4 项)已经低于美国(6 项)、南非(7 项)、日本(8 项)、印度(10 项),但距离世界前沿新西兰(1 项)、新加坡(2 项)仍有距离;中国 2018 年开办企业所需花费时间(8.6 天),也远低于俄罗斯(10.1 天)、日本(11.2 天)、印度(16.5 天)、南非(40 天);中国的成本优势也得到突出,开办企业费用支出水平和新加坡接近,略低于新西兰(0.2%)、南非(0.2%)。但需要注意到,这里中国开办企业各项指标仅基于上海和北京两个城市计算得到,属于国内先进水平,中国未来仍需在全国范围广泛推行改革、提升开办企业便利程度,在 2018 年 6 月国务院召开的“放管服”改革转变政府职能电视电话会议中,李克强提出在五年内企业开办时间压缩到 5 个工作日内等具体目标①,这也是未来政府着力改善营商环境、提升市

① 新华网. 李克强:持续深化“放管服”改革 推动政府职能深刻转变[EB/OL]. http://www.xinhuanet.com//2018-06/28/c_1123051832.htm.

场活力的表现。

表 6-5 中国开办企业指标的国际比较(2019 年报告)

指标名称	单 位	中国	新西兰	新加坡	韩国	美国	英国	俄罗斯	日本	印度	南非
排 名	—	28	1	3	11	53	19	32	93	137	134
总 分	—	93.52	99.98	98.23	95.83	91.23	94.58	93.04	86.1	80.96	81.22
流程数	个数	4	1	2	2	6	4	4	8	10	7
花费时间	天	8.6	0.5	1.5	4	5.6	4.5	10.1	11.2	16.5	40
成 本	占人均收入百分比(%)	0.4	0.2	0.4	14.6	1	0	1.1	7.5	14.4	0.2
最低资本	占人均收入百分比(%)	0.0	0.0	0.0	0.0	0.0	0.0	0.0	0.0	0.0	0.0

• 数据来源:世界银行历年《营商环境报告》。

(二) 获得电力

企业获得电力的便利程度是一国基础设施建设水平的具体体现,这包括企业接入电网的可得性、手续流程繁杂程度以及该经济体中电力体系供给的稳定情况。2018 年,国家电网有限公司全面开展业扩报装接电提质提效行动,积极构建环节少、时间短、造价低、服务优的客户办电新模式,具体政策包括:对 10 千伏及以下客户供电方案免审批直接开放,将提交申请到完成接电的平均时限,高压、低压客户分别控制在 80 天、30 天以内,取消政企客户临时接电费,提供办电全环节免费服务、降低客户接电工程造价等①,囊括了压缩环节、减少时间、降低办电成本全方面。

表 6-6 中国获得电力指标情况

指标名称	单 位	2015 年	2016 年	2017 年	2018 年	2019 年
排 名	—	124	92	97	98	14
总 分	—	66.35	68.66	68.73	68.83	92.01
流程数	个数	5.5	5.5	5.5	5.5	3
花费时间	天	143.2	143.2	143.2	143.2	34
成 本	占人均收入百分比(%)	459.4	413.3	390.4	356.0	0.0
供给可靠性和收费透明度指数	0—8	—	6	6	6	6

• 数据来源:世界银行历年《营商环境报告》。

① 经济观察网. 国家电网公司优化营商环境 深化电力体制改革工作情况[EB/OL]. http://mini.eastday.com/a/180326162109798-2.html, 2018-3-26.

在获得电力指标上中国进步较快、综合表现突出，根据世界银行《营商环境报告》，中国 2014 年时接入电网需要近 5.5 个环节、花费超过 143.2 天、支出超过人均收入近 4 倍的费用；到 2018 年 5 月，中国接入电网的环节缩减至 3 个、时间缩减至 34 天、成本也削减至零，即中国小微企业可以全过程免费接入电力，在全球仅有日本、阿联酋达到全免费水平①。从国际比较来看，2018 年中国接入电力指标得分为 92.01，距离国际前沿 100 分已经非常接近，各细分项目均位于全球较高水平，未来可以更着力提升电力供给可靠性和收费透明度相关方面。

表 6-7　中国获得电力指标的国际比较(2019 年报告)

指标名称	单　位	中国	新西兰	新加坡	韩国	美国	英国	俄罗斯	日本	印度	南非
排　名	—	14	45	16	2	54	7	12	22	24	109
总　分	—	92.01	83.98	91.33	99.89	82.15	96.45	94	89.88	89.15	68.79
流程数	个数	3	5	4	3	4.8	3	2	3.4	3.5	5
花费时间	天	34	58	30	13	89.6	50	73	97.7	55	109
成　本	占人均收入百分比(%)	0	68	23.3	35.2	22.9	23.9	5.7	0	29.5	156.7
供给可靠性和收费透明度指数	0—8	6	7	7	8	7.2	8	8	8	6.5	4

· 数据来源：世界银行历年《营商环境报告》。

（三）登记财产

近年来，全国各地持续推进不动产登记相关领域改革，优化政府服务供给，在 2018 年 6 月国务院召开的“放管服”改革转变政府职能电视电话会议中，李克强提出在五年内将不动产登记时间和电力用户办电时间均压缩三分之二以上，不动产登记改革仍然是未来工作重点。作为世行营商环境报告选定的中国最大的商业城市，上海从 2018 年 1 月开始就开展了不动产登记“全 · 网 · 通”服务改革，对不动产登记、交易、缴

---

① 国家电网有限公司. 我国“获得电力”指标提升至全球第 14 位[EB/OL]. http://www.sasac.gov.cn/n2588025/n2588124/c9771226/content.html，2018-11-02.

税等工作进行整合，将过去房地产交易登记和税收办理需要分别跑交易、税务、登记3个部门，递三次材料，调整为“一口受理、内部流转、并联审批、统一时限”，并积极缩减办理手续时限，成效突出，如二手房过户手续由41天以上缩短到了5个工作日；首次、转移、变更、更正、注销登记办理时限也由原来的20天缩短为5个工作日；抵押权注销登记则由原来的7天缩短为当日办结①。

表6-8　中国登记财产指标情况

指标名称	单　位	2014年	2015年	2016年	2017年	2018年
排　名	—	37	43	42	41	27
总　分	—	80.67	75.02	76.15	76.15	80.8
流程数	个数	4	4	4	4	3.6
花费时间	天	19.5	19.5	19.5	19.5	9
成　本	占财产价值的百分比(%)	3.6	3.4	3.4	3.4	4.6
土地管理质量指数	0—30	—	17	18.3	18.3	23.7

• 数据来源：世界银行历年《营商环境报告》。

根据世界银行《营商环境报告》，中国的登记财产指标一直保持较高水平，2015年报告中得分已经在80以上，到2019年报告中更是位列全球第27位，登记财产环节从2014年的19.5天大幅缩减至2018年的9天，其中体现政府对土地和不动产产权登记管理水平的“土地管理质量指数”②也有较快提升，从2015年的17分提升至2018年的23.7分（满分30分）。从国际比较来看，2018年时期中国的土地管理质量指数已经高于美国（17.6）、南非（15）、印度（8.7），但是仍低于新西兰（26.5）、新加坡（28.5）、韩国（27.5），此外中国的土地登记的流程、时间和成本等指

① 上海市杨浦区政府网站．上海优化营商环境改革最新政策解读之四：登记财产[EB/OL]．http://www.shyp.gov.cn/shyp/yshj-zcjd/20180428/155485.html.

② 土地管理质量指数主要评分标准包含近30题（每题得分0—1），具体包括如产权在不动产登记处如何登记保存、地块地图在地图测绘部门如何保存、土地所有权登记处和地图测绘部门如何挂钩等各个方面。

标对标国际最高标准仍然有提升空间,例如全球“登记财产”指标第一的新西兰登记不动产只需要 2 个环节、1 天时间,成本更是低至财产价值的 0.1%。

表 6-9　中国登记财产指标的国际比较(2019 年报告)

指标名称	单　位	中国	新西兰	新加坡	韩国	美国	英国	俄罗斯	日本	印度	南非
排　名		27	1	21	40	38	42	12	48	166	106
总　分		80.8	94.89	83.14	76.34	76.87	75.34	88.74	74.21	43.55	59.32
流程数	个数	3.6	2	6	7	4.4	6	4	6	9	7
花费时间	天	9	1	4.5	5.5	15.2	21.5	13	13	69.1	23
成　本	占财产价值的百分比(%)	4.6	0.1	2.9	5.1	2.4	4.8	0.1	5.8	8.3	7.8
土地管理质量指数	0—30	23.7	26.5	28.5	27.5	17.6	25.5	26	24.8	8.7	15

• 数据来源:世界银行历年《营商环境报告》。

(四) 执行合同

中国在执行合同指标方面一直保持国际较高水平,近年来更是着力司法体制改革,加大执行力度、提升合同执行效率,严格治理违约失信等信用行为,如上海实施的《深入推进多元化纠纷解决机制改革工作实施意见》等政策,提供多元化纠纷解决方式。根据世界银行《营商环境报告》,中国执行合同指标从 2014 年的全球 35 位提升至 2018 年的全球第 6 名,始终位于国际前沿。从执行合同指标细分项目来看,2018 年中国初级法院解决一起商务纠纷所花费的时间平均需为 496.3 天,所需律师费、诉讼费和执行费约为纠纷额的 15.1%,司法程序质量得分为 15.5 分(满分为 18 分)①。从国际比较来看,中国执行合同时间处于中游水平,这主要是统计口径问题②,有待未来国内外进一步接轨

① 司法程序质量得分包括法院结构与诉讼程序、案件管理、法庭自动化、替代性纠纷解等方面。

② 按照上海法院审判管理系统统计,2017 年时上海法院执行合同时间约为 272 天,但是世行认为法院统计口径与世界银行报告不同,因此保持 400 多天的执行时间结果。参见 2018 年 5 月 18 日发布在政府网站的新闻报道《上海优化营商环境改革最新政策解读之七:执行合同》,网址为 http://www.shyp.gov.cn/shyp/yshj-zcjd/20180521/156739.html。

与改进,2018年中国司法程序质量得分较高,与新加坡(15.5)、英国(15)、韩国(14.5)接近,高于美国(13.8)、印度(10.5)、俄罗斯(9.5)、日本(7.5)。

表6-10　中国合同执行指标情况

指　标	单　位	2015年	2016年	2017年	2018年	2019年
排　名	—	35	7	5	5	6
总　分	—	68.21	77.56	77.98	78.23	78.97
流程数	个数	37	—	—	—	—
执行合同时间	天	452.8	452.8	452.8	496	496.3
执行合同成本	声明价值(%)	16.2	16.2	16.2	16.2	16.2
司法程序质量	1—18	—	14.1	14.3	15.1	15.5

• 数据来源:世界银行历年《营商环境报告》。

表6-11　中国合同执行指标的国际比较(2019年报告)

指标名称	单　位	中国	新西兰	新加坡	韩国	美国	英国	俄罗斯	日本	印度	南非
排　名		6	21	1	2	16	32	18	52	163	115
总　分		78.97	71.48	84.53	84.15	72.61	68.69	72.18	65.26	41.19	54.1
时　间	天	496.3	216	164	290	420	437	337	360	1445	600
成　本	声明价值(%)	16.2	27.2	25.8	12.7	30.5	45.7	16.5	23.4	31	33.2
司法程序质量	1—18	15.5	9.5	15.5	14.5	13.8	15	9.5	7.5	10.5	7

• 数据来源:世界银行历年《营商环境报告》。

(五)跨境贸易

跨境贸易方面,中国近年来改革亮点很多,进出口耗时和成本等指标都得到较大提升,通过在全国推进"单一窗口"建设,压缩货物通关时间、取消行政性收费,带来了"跨境贸易"指标时间和成本大幅缩减。其中,上海从2018年3月实施的《上海口岸优化跨境贸易营商环境若干措施》17条,在缩减通关时间方面措施包括:将货物报检报关由"串联"改为"并联"处理,通关与物流"并联"作业,推进物流作业无纸化等,在缩减费用方面措施包括:检验检疫停止征收出入境检验检疫费、全面实行国际贸易单一窗口免费申报制度，所有向政府管理部门申报都不收费等[①]。

通过改革措施支持，中国跨境贸易相关营商环境指标从2018年报告中的全球第97位提升至2019年中的全球第65位，提升32位，其中出口耗时中单证合规项目从21.2小时缩减至8.6小时，进口耗时中单证合规项目从65.7小时下降至24小时，边界合规也从92.3小时下降至48小时，进出口成本也有不同程度下降（特别是进口成本）。从国际比较来看，中国还有较大提升空间，整体进出口的时间和成本相比韩国（全球33名）、美国（全球36名）仍有一定差距，但是相比其他金砖国家来看，中国跨境贸易指标表现整体较好。

表6-12　中国跨境贸易指标的国际比较（2019年报告）

指标名称	单位	中国	新西兰	新加坡	韩国	美国	英国	俄罗斯	日本	印度	南非
排　名	—	65	60	45	33	36	30	99	56	80	143
总　分	—	82.59	84.63	89.57	92.52	92.01	93.76	71.06	86.51	77.46	59.64
出口耗时											
单证合规	小时	8.6	3	2	1	1.5	4	25.4	2.4	14.5	68
边界合规	小时	25.9	37	10	13	1.5	24	66	22.6	66.2	92
出口成本											
单证合规	美元	73.6	67	37	11	60	25	92	54	77.7	55
边界合规	美元	314	337	335	185	175	280	580	264.9	251.6	1 257
进口耗时											
单证合规	小时	24	1	3	1	7.5	2	42.5	3.4	29.7	36
边界合规	小时	48	25	33	6	1.5	3	30	39.6	96.7	87
进口成本											
单证合规	美元	122.3	80	40	27	100	0	152.5	107	100	73
边界合规	美元	326	367	220	315	175	0	587.5	299.2	331	676

• 数据来源：世界银行历年《营商环境报告》。

① 参见上海市口岸服务办公室官方网站2018年5月4日发布新闻报道，标题为《2018年上海口岸“优化跨境贸易营商环境、提升贸易便利化服务水平”新闻通气会实况》，网址为 http://www.shport.gov.cn/xwzx/001003/20180504/08bd245f-6584-4bc6-b1b7-8703d8130383.html。

四、中国营商环境发展仍待完善项目

中国在2018年展开了多项营商环境领域改革,并在2019年世行报告中得到了较快的评分增长和排名提升,首次进入了全球营商环境前五十优。但是需要客观认识到,中国在各项营商环境方面并不是一碗水端平,而是有长有短:一方面中国在开办企业、接入电力、合同执行等指标上表现突出,取得了优异的成绩和进步,甚至超过了发达国家水平;另一方面中国仍有较多待追赶项目,距离前沿国家仍然有较大差距,有待通过不断推进改革、大力落实提升营商环境的相关举措。本小节从世界银行报告出发,着力分析当前中国营商环境细分项目存在的短板,包括目前全球排名较为靠后的纳税(第114位)、办理施工许可(第121位)、获得信贷(第73位)、办理破产(第61位)、保护少数投资者(第64位)。

(一) 纳税

在2019年世行报告中,当前中国税务营商环境在全球排名第114位,远低于中国整体营商环境排行(全球46位),因此如何提升纳税相关营商环境将是未来工作发力点,潜力巨大。世界银行的纳税指标主要考察经济体的纳税便利化程度,考察一家假设的中型企业在一年内需缴纳的各种税费和因为缴税行为而产生的相关负担(罗秦,2017)[①]。从2019年中国的表现来看,中国企业每年纳税数量为7项,企业花费在准备纳税资料、填写纳税申报和支付税款上的时间为142小时,合计缴纳税费占总利润比重约在64.9%,报税后指标[②]得分为50.00(满分100分)。从国际比较来看,中国的总税率较高,采用世界银行口径测算为64.7%[③],远高于新加坡20%左右税率,也高于新西兰、韩国、英国、南非等30%左右税率,

---

① 罗秦.税务营商环境的国际经验比较与借鉴[J].税务研究,2017(11):28—33.

② 包括增值税出口退税、税务审计和行政税务上诉等,涵盖报税后的流程,报税后程序体现了纳税人与税务当局之间复杂的关系(罗秦,2017)。

③ 罗秦(2017)指出世行指标也存在一定问题,如企业假定前提过多、纳税指标的种类有限、几个纳税指标仅是简单加总、采集对象范围偏窄、税后流程指标不易监测等,尚不能全面充分地反映一国特别是中国这样的发展中国家的税务营商环境的真实情况。

美国总税率约为43.8%,俄罗斯、日本则在46%左右;此外中国报税后指数得分较低,仅略高于印度(49.3),提升空间较大。

表 6-13　中国纳税指标情况

指标名称	单　位	2015 年	2016 年	2017 年	2018 年	2019 年
排　名	—	120	132	131	130	114
总　分	—	67.44	64.46	60.46	62.9	67.53
纳税数目	每年次数	7	9	9	9	7
纳税时间	小时/每年	261	261	259	207	142
总税率	占全部利润百分比(%)	64.6	67.8	68.0	67.3	64.9
报税后指数	0—100		—	48.62	49.08	50.00

• 数据来源:世界银行历年《营商环境报告》。

当前,中国正在持续提升纳税便利度,减少企业涉税办税的时间和次数,如2018年推出的《办税事项“最多跑一次”清单》,在资料完整且符合法定受理条件的前提下,最多只需要到税务机关跑一次[①]。此外,上海还在积极探索增值税和企业所得税预填式一键申报,推进电子税务局建设,探索多元化缴税方式、推行无纸化退税等方式,减少企业纳税环节和花费时间。此外,中央还在持续推行减税降费政策,进一步减轻企业负担,优化未来营商环境。

表 6-14　中国纳税指标的国际比较(2019 年)

指标名称	单　位	中国	新西兰	新加坡	韩国	美国	英国	俄罗斯	日本	印度	南非
排　名	—	114	10	8	24	37	23	53	97	121	46
总　分	—	67.53	91.08	91.58	86.91	84.14	87.14	79.77	71.14	65.36	81.13
纳税数目	每年次数	7	7	5	12	10.6	8	7	30	11.9	7
纳税时间	小时/每年	142	140	64	188	175	105	168	129.5	275.4	210
总税率	占全部利润百分比(%)	64.9	34.6	20.6	33.1	43.8	30	46.3	46.7	52.1	29.1
报税后指数	0—100	50	96.9	71.97	93.93	94.04	71	73.14	71.69	49.31	60.28

• 数据来源:世界银行历年《营商环境报告》。

① 参见杨浦区政府官方网站报道,题为《上海优化营商环境改革最新政策解读之五:纳税》,网址为http://www.shyp.gov.cn/shyp/yshj-zcjd/20180504/155879.html。

（二）办理施工许可

当前办理施工许可指标是中国营商环境细分项中排名最靠后的项目，在2019年报告中得分为65.16，位列全球第121位。世界银行构建的办理施工许可指标是衡量建设一个标准仓库所需要的手续、时间、成本和建筑质量（潘闻闻，2018）①。《2019年营商环境报告》显示，在中国建设一个"标准仓库建设项目"的前期许可、检查验收、接入供排水到房产登记平均需要经过20.4个流程、花费155.1天，成本为建筑价格的2.9%，建筑质量控制指标为11.1（满分15分）。从国际比较来看，中国存在建筑审批流程复杂、花费时间较长、花费成本较高等问题，例如新西兰建筑仓库仅需要完成11个流程环节、花费93天，成本价格（2.2%）低于中国、建筑质量控制指标（15）则高于中国，相关优势比较明显。

表6-15 中国办理施工许可指标情况

指标名称	单 位	2015年	2016年	2017年	2018年	2019年
排 名	—	179	176	177	172	121
总 分	—	43.75	48.29	48.52	47.28	65.16
流程数	个数	22	22	22	23	20.4
花费时间	天	244.3	244.3	244.3	247.1	155.1
成 本	占仓库价值百分比（%）	7.6	7.2	7.0	7.8	2.9
建筑质量控制指标	0—15	—	9	9.0	9.6	11.1

• 数据来源：世界银行历年《营商环境报告》。

潘闻闻（2018）指出施工许可指标得分较低的原因在于建设管理未能实现"多规落一图"和"联动审批"，环保、住建、规划、消防、气象等多个职能部门分头进行评估、审图、检查、验收等环节，并且各部门之间信息孤立，未能形成联动机制，项目单位需反复通过多个主管部门协调规划事宜，导致项目落地时间较长。目前，国内正在积极推行"放管服"改革，落实施工建设相关营商环境改善措施。如北京市住建

① 潘闻闻．对标世界银行指标体系改善上海营商环境[J]．科学发展，2018．

委2018年以来实施了社会投资建设项目联合验收、施工许可证电子证照、招投标电子化等多项举措，让企业告别在多个部门之间来回跑的现象，最终实现“只进一扇门、一网全办理”，大幅缩短项目验收时间，节约了企业资金和成本，解决了工程完工后因验收拖延迟迟不能交付使用的问题[①]。

表6-16　中国办理施工许可指标的国际比较(2019年报告)

指标名称	单　位	中国	新西兰	新加坡	韩国	美国	英国	俄罗斯	日本	印度	南非
排　名	—	121	6	8	10	26	17	48	44	52	96
总　分	—	65.16	86.4	84.73	84.43	77.88	80.29	74.61	74.95	73.81	68.25
流程数	个数	20.4	11	10	10	15.8	9	15.1	12	17.9	20
花费时间	天	155.1	93	41	27.5	80.6	86	193.8	175	94.8	155
成　本	占仓库价值百分比(%)	2.9	2.2	3.4	4.4	0.8	1.1	1.2	0.5	5.4	2
建筑质量控制指标	0—15	11.1	15	12	12	11.2	9	14	11	14	12

• 数据来源:世界银行历年《营商环境报告》。

(三) 获得信贷

在2019年报告中，中国在“获得信贷”指标上得分为60分，全球排名第73位，低于中国整体营商环境排名，也属于短板项目，有待挖掘潜力、持续改善。这一指标主要衡量经济体中征信信息的覆盖面、范围以及开放度，以及企业贷款便利度。从中国整体情况来看，截至2018年，世行对中国合法权利力度指数评分为4分，信贷信息深度指数为8分，相比国际前沿仍有可提升的方向。对于合法权利力度指数完善主要是对《担保法》《破产法》《物权法》等相关领域进行更好的解读和完善，对信贷信息深度指数提升则是对信用信息体系建设提出更高要求，包括完善征信中心和金融信息数据库建设，解决银企信息不对称问题，完善企业担保融资体系等。

① 参见北京市住建委网站2018年4月17日发布新闻《市住建委改善营商环境措施全部落地》，网址为http://www.bjjs.gov.cn/bjjs/xxgk/xwfb/512871/index.shtml。

表 6-17 中国获得信贷指标的国际比较(2019 年报告)

指标名称	单 位	中国	新西兰	新加坡	韩国	美国	英国	俄罗斯	日本	印度	南非
排 名	—	73	1	32	60	3	32	22	85	22	73
总 分	—	60	100	75	65	95	75	80	55	80	60
合法权利力度指数	0—12	4	12	8	5	11	7	9	5	9	5
信贷信息深度指数	0—8	8	8	7	8	8	8	7	6	7	7
信贷信息查询处覆盖率	占全部成年人数百分比(%)	0	100	60.9	100	100	100	88	100	55.9	67.3
信贷登记机构覆盖率	占全部成年人数百分比(%)	98.1	0	0	65.7	0	0	0	0	0	0

• 数据来源:世界银行历年《营商环境报告》。

(四) 办理破产

办理破产指标主要衡量一国企业破产程序的时间、成本和结果,以及使用与清算和重组程序的法律框架是否完备(潘闻闻,2018)。截至 2019 年报告调查,中国办理破产项目得分为 55.82 分,尚未达到及格线,世界排行第 51 位,从细分指标来看,一家满足同样假设条件企业[①]在中国破产需花费 1.7 年、破产成本为资产比重的 22%、回收率约为债务总额的 36.9%,破产框架力度指数得分为 11.5 分(满分为 16 分)。与国际营商环境前沿国家相比,存在破产时间较长、破产总成本较高、债务回收率较低等问题,我国破产框架力度指数也存在一定提升空间。当前,我国正在积极深化破产体系改革,不断完善破产程序启动和破产企业识别机制,提高破产审判质效,探索破产案件繁简分流等具体措施。

---

① 具体假设情景可见世界银行网站 http://www.doingbusiness.org/en/methodology/resolving-insolvency,主要是一家在该经济体最大商业城市运行的有限责任公司,创办者拥有 51%股权、在市中心拥有酒店不动产,员工 201 人、供应商 50 家,有贷款等。

表 6-18　中国办理破产指标的国际比较(2019 年报告)

指标名称	单　位	中国	新西兰	新加坡	韩国	美国	英国	俄罗斯	日本	印度	南非
排　名	—	61	31	27	11	3	14	55	1	108	66
总　分	—	55.82	71.81	74.33	83.01	90.91	80.27	58.61	93.45	40.84	54.49
破产时间	年	1.7	1.3	0.8	1.5	1	1	2	0.6	4.3	2
破产成本	占资产百分比(%)	22	3.5	4	3.5	10	6	9	4.2	9	18
回收率	百分比(%)	36.9	84.1	88.8	84.6	81.8	85.3	42.1	92.4	26.5	34.5
破产框架力度指数	0—16	11.5	8.5	8.5	12	15	11	11.5	14	8.5	11.5

• 数据来源:世界银行历年《营商环境报告》。

(五) 保护少数投资者

保护少数投资者指标主要衡量利益冲突情况下对少数股东保护情况及公司治理结构的股东权利(潘闻闻,2018)。2017—2018 年间中国在该指标的评分得到较快提升,从 48.33 分提升至 64 分,已经达到及格线,并且排名也从第 119 名跃升至第 64 位。从细分项目来看,中国提升较快的主要包括股东权利指数、所有权和管理控制指数两项。从国际比较来看,中国的信息披露程度指数达到 10 分满分、公司透明度指数也有 9 分,接近全球前沿营商环境水平,但是在董事责任程度指数、所有权和管理控制指数、股东诉讼便利度指数上不足仍然较为突出,有待进一步深化改善、加强对少数投资者保护,提升企业家创新创业动力与市场活力。

表 6-19　中国保护少数投资者指标的国际比较(2019 年报告)

指标名称	单　位	中国	新西兰	新加坡	韩国	美国	英国	俄罗斯	日本	印度	南非
排　名	—	64	2	7	23	50	15	57	64	7	23
总　分	—	60	81.67	80	73.33	64.67	75	61.67	60	80	73.33
披露程度指数	0—10	10	10	10	8	7.4	10	6	7	8	8
董事责任程度指数	0—10	1	9	9	6	8.6	7	2	6	7	8
股东诉讼便利度指数	0—10	5	9	9	8	9	8	7	8	7	8
股东权利指数	0—10	7	7	7	7	4	7	9	6	10	8

（续表）

指标名称	单位	中国	新西兰	新加坡	韩国	美国	英国	俄罗斯	日本	印度	南非
所有权和管理控制指数	0—10	4	7	5	6	4.4	5	5	3	8	7
公司透敏度指数	0—10	9	7	8	9	5.4	8	8	6	8	5

• 数据来源：世界银行历年《营商环境报告》。

第三节　中国营商环境地区间比较：基于普华永道《中国城市营商环境质量报告》

中国幅员辽阔，地区间也存在较大差异，而世界银行每年发布的《营商环境报告》仅基于中国最大的两个商业城市上海和北京来计算，并未涉及经济体内部的营商环境情况[①]。因此本节主要采用普华永道发布的《2018 中国城市营商环境质量报告》来讨论中国地区间营商环境现状及差距情况。需要说明的是，其他机构发布的城市级营商环境报告的结论也较为相似。

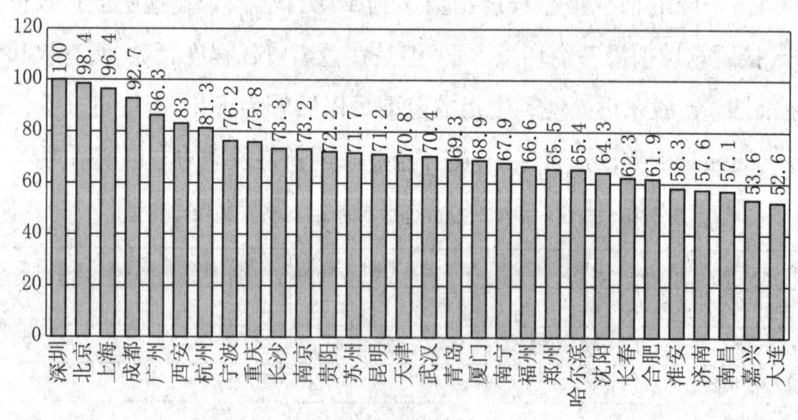

图 6-2　中国城市营商环境质量指数(2018 年)

• 数据来源：普华永道中国联合数联铭品、财新智库和新经济发展研究院发布的《2018 中国城市营商环境质量报告》。

① 世界银行在 2008 年发布了全国 30 个城市(26 个省会城市和自治区首府、4 个直辖市)的营商环境情况，包括政策法规制定和执行力度差异，考虑到样本量较少且时间较久远，因此未采用这套指标进行讨论。

从方法来看,《2018 中国城市营商环境质量报告》主要从城市吸引力和企业发展力两个维度进行衡量:前者主要采用企业在城市间迁移情况来测度,在控制地理、人口、经济等短期因素后即获得企业吸引力指标,后者主要对比企业迁移前后发展状况,采用计量方法来模拟两地区相似企业发展差异,进而测算出企业的发展力,报告提供的最终城市级营商环境质量指数即为城市吸引力乘以企业发展力获得。

该报告覆盖了中国 80 个城市,从测算结果来看,深圳、北京、上海、成都营商环境指数得分最高,均为 90 分以上,位列前 4 名;紧随其后的是广州、西安、杭州,得分均在 80 分以上,位列前 7 名;最后三座位列全国营商环境前 10 名的城市为宁波、重庆、长沙。

普华永道《2018 中国城市营商环境质量报告》发布的全国营商环境前 30 位城市以直辖市和省会城市为主,从地理分布来看,主要位于珠三角、长三角、京津冀等地区的城市群。此外,民营企业在调查中反映的营商环境不足,包括融资难、税负重、存在准入限制等方面,这正是我国当前营商环境改革着力解决问题。今年以来我国切实落实减税降费,包括个税改革、增值税改革等多项内容,下调了制造、零售、交通运输等多个行业增值税税率,切实减轻企业税费负担;此外,2018 年 10 月以来,中央提出一系列支持民营发展的政策,如新增贷款“一二五”目标,争取三年以后,银行业对民营企业的贷款占新增公司类贷款的比例不低于 50%,缓解民营企业融资难问题,激发市场活力。

在 2018 年 6 月国务院“放管服”改革转变政府职能会议中提出了多项改善营商环境的具体发展要求:如五年内企业开办时间压缩到 5 个工作日内,工程建设项目全流程审批时间和进出口通关时间均压减一半,实行全国统一市场准入负面清单制度,进一步减税降费,五年内不动产登记时间和电力用户办电时间均压缩三分之二以上,打造全国一体化政务服务平台,三年内实现国务院部门数据共享、满足地方普遍性政务需求,五年内政务服务事项全面实现“一网通办”等。这也显示未来我国将持续发力,以营商环境改革为抓手,激活企业主动性和创造力,打造具有国际吸引力和竞争力的市场环境,保障经济平稳发展、人民生活水平不断提高。

第七章
中国工业改革开放40年的辉煌成就与理论总结

1978年以来，中国工业在多个领域都取得了举世瞩目的成就。经过40年的改革开放，中国目前已经进入工业化的后期阶段[①]。站在新的起点上，总结中国工业改革开放40年的历程具有重要现实和深远的历史意义。概括起来讲，中国工业的改革开放是在特定的时代背景下展开的，为我们在工业经济领域贯彻落实全面深化要求提供了指南；中国工业经过40多年的实践，取得了辉煌成就，为工业经济下一步开放发展提供了借鉴；工业改革开放40年的实践经验为我们坚持和发展新时代中国特色社会主义提供了理论依据。

第一节　中国工业改革开放的时代背景

工业是一个拥有悠久历史的行业，石器时代的人类社会就有了制造活动。然而从公元前10 000年至18世纪中期，世界经济年均增长率始终在0.01%上下徘徊，因为任何效率进步带来的产出增长都被人口增长所吸收，这就是所谓的马尔萨斯陷阱[②]。人们公认的现代工业文明起源于18世纪末的英国工业革命，工业革命带动世界经济摆脱了马尔萨斯陷阱的束缚，经济年均增长率呈加速上升，人口和经济总量都极大增

---

① 徐蔚冰.中国已经步入工业化后期[N].北京:中国经济时报,2016-1-27(6).

② Clark G. The Industrial Revolution [J]. Handbook of Economic Growth, 2014(2):217—262.

加。自那以后人类社会经历了5次技术浪潮，其中第5次技术浪潮发生在20世纪70年代①。第5次技术浪潮的特征是信息技术得到迅猛发展，这使得大型跨国公司将附加值相对较高的研发设计和销售环节留在国内，而将附加值相对较低的加工制造环节外包给发展中国家成为可能。20世纪80年代，美、日、欧等发达国家或地区纷纷将劳动密集型产业转移至亚洲新兴经济体②，而此时中国恰好迎来了改革开放的热潮，凭借相对良好的工业基础和丰富的劳动力优势，因而成为这一轮产业转移的主要承接地之一，工业经济得到了较快发展。信息技术蓬勃发展背景下发达国家制造业的国际转移成为中国工业顺利实施改革开放的重要外部条件。

另一方面，中华人民共和国成立以来，由于选择了优先发展重工业的路径，我国经济在取得重大成就的同时也产生了经济增长周期剧烈波动、经济增长方式粗放、经济效益低下、环境污染和生态破坏、城乡差别扩大、城市化进程滞后于工业化进程、人民生活水平提高缓慢等许多严重的问题③。工业领域则存在重工业比例过大、轻工业产品匮乏、产品质量低下、生产率提高缓慢、企业经理人管理权受限、劳动力流动受约束等许多问题④。计划经济此时已经严重妨碍了中国工业的发展，必须采取措施予以系统纠正，这构成了中国工业实施改革开放的内在动力。

第二节　中国工业改革开放40年的历程与成就

从1978年至今，中国新型工业化道路取得了辉煌的成就。成就的取得并非一蹴而就，而是经过了一个不断发现问题、探索可行路径，最

① 贾根良. 第三次工业革命与工业智能化[J]. 中国社会科学，2016(6)：87—106.
② 魏后凯. 产业转移的发展趋势及其对竞争力的影响[J]. 福建论坛：经济社会版，2003(4)：11—15.
③ 汪海波，刘立峰. 中国工业化道路的回顾与前瞻——为庆祝新中国成立60周年而作[J]. 经济研究参考，2009(38)：2—22.
④ 卢福财，秦川. 中国工业改革发展30年：1978—2008[J]. 当代财经，2008(8)：5—12.

终推进工业化发展的过程。为了便于展示这一非凡历程,我们可以把40年的工业发展大致分为四个阶段,即1978—1992年,1993—2000年,2001—2011年,以及2012年至今。尽管每个阶段的改革开放的侧重点不尽相同,但都取得了巨大的成就,为后续的改革开放积累了宝贵的经验。

一、1978—1992年:增量改革

1978年12月中共十一届三中全会提出党和国家工作中心转移到经济建设上来,实行改革开放的历史性决策。全会提出了要注意解决好国民经济重大比例严重失调的要求,开始着手解决经济管理体制过于集中的问题。从1978年到1992年,中国工业改革开放侧重于对工业企业微观经营机制层面的改革,通过努力提高市场机制在生产要素流量配置中的作用,以增量改革的方式降低改革的阻力,寻求新的经济增长点,从而凝聚社会共识,将改革深入推进下去。

(一)通过放权让利探索“体制内改革”

1979年7月,国务院发布《关于扩大国营工业企业经营管理自主权的若干规定》等文件,标志着“扩大企业自主权”改革的实验在全国推开。这项改革的主要内容包括两方面:一是放松对企业的计划控制;二是提高企业管理者和职工的生产积极性。到1980年底,全国试点的工业企业达6 600家,它们的产值占全国预算内工业产值的60%,利润占全国工业企业利润的70%。1981—1982年全面推行了经济责任制和利润留成制,1983年和1984年分别对全民所有制企业实行了第一步和第二步利改税改革,1984年企业在用工、生产、销售等方面的自主权得以进一步扩大①。农村家庭联产承包责任制的成功实施为工业企业改革提供了动力,全国国有工商企业分别于1983年和1986年掀起了两轮

---

① 卢福财,秦川.中国工业改革发展30年:1978—2008[J].当代财经,2008(8):5—12.

类似农村的承包制改革的高潮。到1984年底,全国80%的大中型国有企业实行了承包制[①]。

(二)放松对民营经济的管制,探索"增量改革"

有别于"体制内"的放权让利改革,"增量改革"的是在保持既有国有经济主导地位的同时,通过在非国有部门建立市场导向的企业,以促进经济增长。1978年以来,我国从法律和法规层面对个体私营经济的发展予以肯定和承认,为民营经济发展营造了一定的空间。

1981年6月中共十一届六中全会通过的《中共中央关于建国以来党的若干历史问题的决议》肯定了"一定范围内的劳动者个体经济是公有制经济的必要补充",意味着正视承认个体经济的合法性。1982年12月通过的《中华人民共和国宪法》,从宪法高度规定了"城乡劳动者个体经济,是社会主义公有制经济的补充",但是没有涉及私营经济。1988年《宪法修正案》第1条、第5条、第8条,1993年《宪法修正案》第10条分别规定了私营经济和城乡个体经济是社会主义公有制经济的补充。为了鼓励、引导私营企业健康发展,保障私营企业的合法权益,1988年6月国务院正式颁布了《中华人民共和国私营企业暂行条例》。

党和国家对个体经济和私营经济的法律地位和经济地位的明确,极大鼓舞了人们的创业热情,人们纷纷利用新出现的机会开展了形式多样的创业活动。此后,民营经济在国民经济中所占份额逐步壮大,到20世纪80年代后期,民营经济已经取得举足轻重的地位。

(三)以经济特区为平台,承接国际产业转移

改革开放之初,短时间内形成国内市场并实行全面对外开放存在较大困难。为了实现尽快与国际市场接轨,中国政府借鉴了"四小龙"建立出口加工区和自由贸易港的成功经验,通过建立经济特区的方式与国际市场对接,引进国内经济发展继续的资金、技术和管理经验。

---

① 吴敬琏.当代中国经济改革教程[M].上海远东出版社,2010.

1980年8月,第五届全国人大常委会第15次会议批准了《广东省经济特区条例》,宣布在广东省的深圳、珠海、汕头、福建省的厦门四市分别划出一定区域,设置经济特区。1984年5月,国家进一步开放大连、秦皇岛、天津、烟台、青岛、连云港、南通、上海、宁波、温州、福州、广州、湛江、北海14个沿海港口城市。1985年2月国家把长江三角洲地区、珠江三角洲地区、闽南的厦漳泉三角地区,以及胶东半岛、辽东半岛列为经济开放区。1988年4月,国家决定兴办海南经济特区。1990年4月18日,国务院正式宣布开发开放浦东,在浦东实行经济技术开发区和某些经济特区的政策。1992年10月,国务院批复设立上海市浦东新区。中国沿海地区成为全方位对外开放基地的总体布局基本形成。

(四)这一阶段取得的成就与存在的问题

一是工业经济规模增长的同时,轻、重工业比例更加协调。1978—1992年,工业增加值从1 621.5亿元增加到10 340.5亿元,年均增长率超过14%。1978年,轻工业和重工业在工业总产值中的比例为43.1∶56.9,到了1984年这一比例调整为47.4∶52.6,轻工业的比重有所增加,改革前重工业占比过大的问题有所缓解。1992年轻工业与重工业在工业总产值中的比重为46.6∶53.4,重工业占比与前一阶段相比有所回调,但这恰恰反映了中国工业经济日益从工业化初期向中期发展的趋势,是符合工业化发展规律的。从工业品构成来看,改革开放初期,以洗衣机、电冰箱、电视机、照相机等为代表的消费品工业得到快速发展,极大满足了消费者日益增长的物质需求。工业产品中,钢铁、水泥、化工产品、汽车和发电设备等的产量都大幅增加。1992年,我国煤、水泥、电视机的产量都上升至世界第一位。

二是非公有制经济得到较大发展。这一阶段,民营工业得到较快发展,特别是乡镇企业异军突起,成为工业经济的一支重要力量,为工业改革开放带来了新的活力和动力。1978年,中国国有企业在工业总产值中的占比为77.6%,集体企业占比为22.4%,私营企业和外资企业完全没有发展空间。而随着国家鼓励非公有制经济发展政策的实施，1980年私营企业和外资企业在工业总产值中的占比为0.5%，1985年这一比例提高到3%，1990年进一步提高到9.8%[①]。

三是对外开放良好局面开始形成。经济特区在成立之初，均采取了承接国际产业转移的外向型发展路径。以深圳为例，20世纪80年代，深圳通过积极承接来料加工、来样加工、来件装配和补偿贸易等“三来一补”业务和积极发展“三资”企业迅速融入国际市场。浦东新区则顺应了经济全球化深入发展的机遇，把握住了发达国家加速向发展中国家开展产业转移的潮流，凭借上海的人才和资源优势，承接了中高端水平的产业。

在改革取得初步成效的同时，也存在着许多问题。工业企业微观经营机制层面改革仍然存在一定的局限性。对工业企业微观经营机制层面改革是我党积极探索摆脱僵化的计划经济体制的有益尝试，极大调动了企业管理层和企业职工的生产积极性，提高了企业管理层的决策效率，使广大国有企业开始逐步适应市场竞争，培育了一批具有发展潜力的优秀企业。与此同时也暴露出若干局限，一是企业在经营自主权扩大的同时市场竞争并不激烈，竞争机制对企业经营决策的约束比较弱；二是私有经济的发展和引入部分市场机制导致生产资料供应和价格的“双轨制”，企业扩大生产的行为缺乏价格信息的指导，社会资源的配置效率有待提高；三是由于产权关系混乱而产生了“内部人控制”问题；四是工业管理体制改革滞后，企业的所有权与经营权不清晰限制了企业活力的充分释放，阻碍了政府职能的转变，制约了产业结构调整[②]。

二、1993—2000年：整体推进的改革

从20世纪90年代起，改革开放不断从微观领域逐步向宏观领域拓展。1992年10月，中共第十四次代表大会确定了建立社会主义市场经

---

① 吴敬琏. 当代中国经济改革教程[M]. 上海远东出版社，2010.

② 沈鸿生. 加快建立工业管理新体制的几个问题[J]. 中国工业经济，1997(4)：35—38.

济体制的目标。1993年11月,中共十四届三中全会通过了《中共中央关于建立社会主义市场经济体制若干问题的决定》,明确提出了“整体推进、重点突破”的改革战略。这一阶段工业改革开放的重点是对劳动力、资本等各类经济资源的存量进行系统的结构调整与重组,具体是通过调整工业结构、深化国有企业改革和政府工业管理体制改革实现的。

(一)调整工业结构增强经济发展后劲

为了满足经济快速增长的需要,国家加快了交通、通信、能源、重要原材料和水利等基础设施和基础工业的开发与建设。集中必要的力量,高质量、高效率地建设一批重点骨干工程,抓紧长江三峡水利枢纽、南水北调、西煤东运新铁路通道、千万吨级钢铁基地等跨世纪特大工程的兴建。加强地质勘探。振兴机械电子、石油化工、汽车制造和建筑业,使它们成为国民经济的支柱产业。发展高新技术产业。轻工、纺织等一般加工工业主要通过联合、改组和技术改造,提高素质和水平。高度重视节约能源和原材料,提高资源利用效率。会议提出工业固定资产投资的重点应放在加强基础设施、基础产业,以及现有企业的技术改造和改建扩建上,尤其要重视老工业基地和大型骨干企业的技术改造。中共第十五次全国代表大会则提出要改造和提高传统产业,发展新兴产业和高技术产业,推进国民经济信息化。继续加强基础设施和基础工业,加大调整、改造加工工业的力度,振兴支柱产业,积极培育新的经济增长点。把开发新技术、新产品、新产业同开拓市场结合起来,把发展技术密集型产业和劳动密集型产业结合起来。

(二)实施工业企业经营体制改革,建立现代企业制度

经过改革开放15年的发展,民营经济和外资经济取得了良好的成绩,为全面建立市场经济体制奠定了良好的基础。与此同时,国有企业仍然占有国民经济中的重要资源,随着国民经济“体制外”部分逐渐发展壮大,它们与“体制内”部分的摩擦日益显现,而这不利于国民经济的稳定。因此对国有企业进行改革,建立规范的现代企业制度就提上了工

业企业体制改革的日程。

1993年11月,中共十四届三中全会提出了转换国有企业经营机制,建立产权清晰、权责明确、政企分开、管理科学的现代企业制度的目标。1999年9月,中共十五届四中全会通过了《中共中央关于国有企业改革和发展若干重大问题的决定》,提出了"以公有制为主体,多种所有制经济共同发展"等国企改革必须坚持的十条指导方针。这是改革开放以来,中共中央召开全会专门研究国有企业改革和发展问题,体现了中共中央对这个问题的高度重视。

(三)深化工业管理体制改革,提供重要组织保障

1982年,我国实施了以精简机构为主要内容的政府机构改革,1988年又实施了转变政府职能的改革,两次改革为工业管理体制改革积累了有益的经验。1993年,我国实行了以工业管理体制改革为重点的机构改革,这是改革开放以来的第三次机构改革。1998年,在十五大精神的指导下,政府工业管理体制改革力度进一步加大。机构改革主要包括以下几个方面的内容:

一是加强政府的宏观调控能力。改革的思路是弱化过去政府调控过于微观的特点,强化政府部门的宏观调控职能。国家将计委、经贸委、财政部、人民银行四个综合部门改组为宏观调控部门,强调主要运用经济手段和法律手段,保持经济总量平衡,抑制通货膨胀,促进经济结构优化,实现经济稳定增长。

二是对工业管理部门调整重组。充分释放企业活力,打破地区、行业壁垒,消除部门分割,政府工业管理遵循了由部门管理转向行业管理,再转向产业管理,最后融入宏观经济调控部门的改革思路。2000年,国家撤销了石化、纺织、冶金、机械、轻工、煤炭、有色、建材8个国家局,并对国家烟草专卖局进行了改革。

三是建立和完善工业行业协会,行使行业管理职能。随着政府机构改革的推进,原先属于被裁撤的国家和地方工业管理部门的行业管理职

能交给了行业协会、商会等中介组织。

国家通过机构改革,陆续调整和撤并多个工业管理部门,工业管理部门与工业企业之间取消了行政隶属关系,其主要职责为制定行业规划和行业政策,进行行业管理、引导行业的结构调整,维护行业的平等竞争秩序。政府国有资产管理部门按照投资额享有国有企业的所有者权益,对企业债务承担有限责任,对国有资产进行监督管理。企业自主经营、自负盈亏、依法经营、照章纳税。到2000年底,我国工业管理体制初步形成了政府宏观调控部门为工业经济调控主体,行业协会为桥梁,企业为市场主体的基本架构。

(四)这一阶段取得的成就与存在的问题

到新世纪之初,中国经济体制改革在理论和实践上取得了重大进展。初步建立起社会主义市场经济体制,确立了公有制为主体、多种所有制经济共同发展的基本经济制度,全方位、宽领域、多层次的对外开放格局基本形成。改革的不断深化,极大地促进了社会生产力、综合国力和人民生活水平的提高,使我国经受住了国际经济金融动荡和国内严重自然灾害、重大疫情等严峻考验。

但是初步建立起来的社会主义市场经济体制有待进一步完善,在有些领域还存在制约工业经济发展的障碍。如市场经济秩序有待继续整顿和规范,产业结构不合理和经济体制深层次问题尚未解决,生态环境问题依然相当突出,地方保护主义屡禁不止,市场经济秩序有待继续整顿。这些问题有待通过不断深化改革开放来解决。

三、2001—2011年:完善社会主义市场经济体制

进入21世纪,中国改革开放的重点是通过深化改革开放,不断消除制约经济发展的体制机制障碍,不断完善社会主义市场经济体制。2002年11月,中共第十六次全国代表大会提出了完善社会主义市场经济体制的总目标。2003年中共十六届三中全会提出“坚持以人为本,树

立全面、协调、可持续的发展观,促进经济社会和人的全面发展”。在工业领域,中共十六大提出要走新型工业化道路,大力实施科教兴国战略和可持续发展战略。大会指出要以信息化带动工业化,以工业化促进信息化,是一条科技含量高、经济效益好、资源消耗低、环境污染少、人力资源优势得到充分发挥的道路。2007 年 10 月,中共十七大提出,要“发展现代产业体系,大力推进信息化与工业化融合,促进工业由大变强,振兴装备制造业,淘汰落后生产能力;提升高新技术产业,发展信息、生物、新材料、航空航天、海洋等产业”。2010 年 10 月,中共十七届五中全会审议通过了《中共中央关于制定国民经济和社会发展第十二个五年规划的建议》,“十二五规划”提出了坚持走中国特色新型工业化道路,要改造提升制造业,培育发展战略性新兴产业,推动信息化和工业化深度融合等战略任务,以提高产业核心竞争力。

(一) 进一步完善工业管理体制

进入新世纪,中国在工业管理体制方面的重要举措有:成立国有资产监督管理委员会,进一步激发国企活力;设立工业和信息化部,大力推进新型工业化。2003 年 3 月,全国人大通过了设立国务院国有资产监督管理委员会的决定。国资委代表国家对中央所属非金融企业履行出资人职责。地方企业的国有资产则由省、市(地)两级政府的国资委负责管理。在国资委成立之前,国有企业的所有权和经营管理权处于被割裂的状态。在计划经济时代,企业隶属于党政机关,其生产任务来自上级的指令,企业管理层则主要负责执行,因此更像一个基层生产单位而非独立的市场主体。在各级政府之间,企业的经营权又被进一步分割:计划委员会、经济委员会等负责制定投资和生产决策,组织部门的人事机关则负责企业管理人员的管理,财政部门则负责企业财务的管理。这种制度安排极大地影响了企业经营效率,抑制了企业活力。

国资委的成立使得国有工业企业的改革和运营能够在一个全权履行出资人职责的权威机构的领导下进行,上述的所有权、经营管理权被割裂的问题得到极大改善。2003年国务院出台了《企业国有资产监督管理暂行条例》规定了国资委的职责。2003年12月,国资委和财政部联合发布了《企业国有产权转让管理办法》以及随后发布的一系列相关文件,进一步规范了国有资产的转让程序。

2007年10月,中共第十七次全国代表大会提出要大力推进信息化与工业化融合,促进工业由大变强,振兴装备制造业,淘汰落后生产能力;提升高新技术产业,发展信息、生物、新材料、航空航天、海洋等产业。2008年,为了贯彻十七大精神,促进信息化与工业化融合,我国在国务院机构改革中新设立了工业和信息化部,将国家发改委的有关工业行业管理职责、国防科工委核电管理以外的职责、信息产业部和国信办的职责整合划入该部,从管理体制上体现工业化与信息化并重、着力推进新型工业化的目标。

(二)促进中国工业全面融入全球分工体系

2001年11月10日,在卡塔尔首都多哈举行的世界贸易组织第四届部长级会议以全体协商一致的方式,审议并通过了中国加入WTO的决定。2001年12月11日,中国正式成为WTO第143个成员国。加入WTO为中国工业全面融入全球分工体系创造了良好的条件。此后,中国工业对外开放进入了新阶段,工业品出口、利用外资和对外技术经济合作等方面均呈现快速发展势头。

为履行入世承诺,我国主要围绕加快内外贸一体化进程、建立统一透明的外贸管理体制、实行统一的外贸制度和提高贸易自由化、便利化程度、创造公平和可预见的外贸法制环境、确保各类企业在对外经贸活动中的自主权和平等地位等实施了一系列举措①。为了贯彻落实平等准入、公平待遇原则,2005年2月,国务院发布了《关于鼓励支持和引导个体私营等非公有制经济发展的若干意见》,提出要“放宽非公有制经

---

① 王新奎.中国入世10周年:改革开放的回顾与前瞻[J].探索与争鸣,2011,1(10):9—12.

济市场准入”,“在投资核准、融资服务、财税政策、土地使用、对外贸易和经济技术合作等方面,对非公有制企业与其他所有制企业一视同仁,实行同等待遇”。这是中华人民共和国成立以来首部以促进非公有制经济发展为主题的中央政府文件。2010年,国务院印发《国务院关于鼓励和引导民间投资健康发展的若干意见》,提出进一步拓宽民间投资领域和范围,“鼓励和引导民间资本进入基础产业和基础设施领域”。

（三）振兴重点产业,应对国际金融危机

2007年美国发生次贷危机,2008年逐渐发展为影响广泛的全球性金融危机。由于中国工业体系此时已经深度融入国际分工体系,全球金融危机的发生对中国工业造成了严重的影响。为了应对此次全球金融危机对我国工业和实体经济的影响,2009年1月国务院常务会议陆续通过了汽车、钢铁、纺织、装备制造、船舶、电子信息、石化、轻工业、有色金属和物流业十个重要产业的调整振兴规划。产业振兴规划在短期内起到了刺激工业复苏,拉动经济增长的积极作用,国内工业增加值增速从7.3%上升到16.1%,超出了市场预期。

但是,由于面对严峻外部冲击,各地在执行国家出台的十大产业振兴规划的过程中过于偏重保持经济增长目标,而对部分行业的结构优化调整任务执行得不是太理想,在一定程度上使落后产能问题进一步加重。

（四）这一阶段取得的成就与存在的问题

这一阶段,工业总量继续增长。工业增加值从43 855.6亿元增长到2011年的195 142.8亿元,年均增长率达16%。据联合国工业发展组织的数据,2010年中国制造业增加值超越了美国,成为世界第一制造大国。在此期间,中国有220种工业品的产量居全球第一位。高技术产业的研发能力显著提高,“神龙蓝光”超级计算机、“蛟龙”号深海潜水器、超导变电站、“天宫一号”飞行器和“神州八号”飞船等重大科技创新成果成为见证我国工业技术发展的一座座里程碑。

然而,加入WTO后,中国工业加快了对外开放步伐,供给体系的外向型特征在促进工业超常规发展的同时也产生了一系列问题。首先,存在制造业过度依赖外部需求,国内制造业发展与服务业特别是生产性服务业发展脱节的问题。这种工业供给体系的弊端在受到外部需求波动的冲击时显得尤为明显。2008年国际金融危机爆发导致欧美等我国工业出口的传统市场需求大幅度萎缩,国内产能过剩问题凸显,工业亟须从面向外需转向内需。其次,随着中国经济发展和人民生活水平的不断提高,消费需求的升级换代也不断加快。而工业体系的整体供给质量不高,亟待通过产业结构的优化升级提高供给的质量。再次,工业增长亟待从粗放式发展向集约式发展模式转型。由于工业发展仍然过于依赖粗放式投入扩张,资源约束日益紧张,环境承载能力已接近极限。

四、2012年至今:全面深化改革

随着新一轮科技革命和产业变革的不断发展,全球分工格局发生着深度调整,2008年国际金融危机进一步加快了这一进程。在此背景下,一方面,发达国家吸取了虚拟经济过度发展的教训,重新认识到制造业和实体经济对国民经济的重要作用,于是纷纷实施"再工业化"战略,以期在新一轮产业国际竞争中占据优势。另一方面,一部分发展中国家凭借劳动力和资源优势积极承接新一轮全球产业转移,谋求深度融入全球价值链,以实现本国经济加快发展。与此同时,中国工业化进入了中后期阶段,形成了完备的工业体系,具备了提升制造业竞争力的条件;此外制造业发展的资源环境约束日益加强,传统的、粗放式的发展模式不可持续,中国亟待抓住新一轮科技革命和产业变革带来的新机遇,实现工业转型升级,从而实现可持续的工业发展之路。强化制造业成为新时代中国工业改革开放的重点。

围绕发展实体经济,强化制造业发展,2012年10月中共十八大提出要"牢牢把握发展实体经济这一坚实基础,实行更加有利于实体经济发展的政策措施,强化需求导向,推动战略性新兴产业、先进制造业健康发展,加快传统产业转型升级”。2015 年 10 月中共十八届五中全会提出要“构建产业新体系,加快建设制造强国,实施《中国制造 2025》”。2017 年 10 月中共十九大提出要“加快建设制造强国,加快发展先进制造业”,“培育若干世界级先进制造业集群”。

在知识经济时代,制造业发展需要信息技术特别是网络技术的支持。中共十八大提出要“建设下一代信息基础设施,发展现代信息技术产业体系,健全信息安全保障体系,推进信息网络技术广泛运用”,“推动互联网、大数据、人工智能和实体经济深度融合”。

此外,中共十九大还对工业转型升级提出了新要求,强调要“在中高端消费、创新引领、绿色低碳、共享经济、现代供应链、人力资本服务等领域培育新增长点、形成新动能”,从而更好地满足人民日益增长的美好生活需要。

(一)实施两化融合战略,促进工业转型升级

为了促进信息化和工业化的融合发展,中共十六大报告提出要“坚持以信息化带动工业化,以工业化促进信息化”。中共十七大报告明确提出“大力推进信息化与工业化融合发展”。中共十七届五中全会首次提出“推动两化深度融合”。2012 年,中共十八大报告对两化融合发展作了进一步阐述,提出了“促进工业化、信息化、城镇化、农业现代化同步发展”的目标。2017 年,中共十九大报告则将“推动新型工业化、信息化、城镇化、农业现代化同步发展”作为中国特色社会主义基本方略的重要组成部分,两化融合的战略意义进一步凸显。

互联网技术是实现信息化与工业化融合发展的重要手段,2015 年 7 月,国务院发布了《国务院关于积极推进“互联网＋”行动的指导意见》,提出把推动互联网与制造业融合,互联网促进创业创新作为“互联网＋”发展的重点内容。2015 年 11 月,工信部发布《关于贯彻落实〈国务院关于积极推进“互联网＋”行动的指导意见〉行动计划(2015—2018年)》,把实施“互联网＋”制造业和“互联网＋”小微企业作为行动重点,

提高制造业数字化、网络化、智能化水平和小微企业信息化水平。2016年5月，国务院印发了《国务院关于深化制造业与互联网融合发展的指导意见》，2016年8月，工信部发布《工业互联网标准体系框架1.0》，制造业与互联网融合发展的顶层设计日益完善。2017年11月，国务院印发《关于深化“互联网＋先进制造业”发展工业互联网的指导意见》，指出工业互联网在两化融合战略中的重要作用，提出大力推动工业互联网网络基础设施战略规划。

（二）进一步放宽市场准入，鼓励民营制造业企业创新发展

民营制造业企业是促进中国制造由大变强的重要力量，小微企业是大众创业、万众创新的载体。为了鼓励民营制造业企业、小微企业加快创新发展、转型升级，近年来国务院和工信部出台了多项政策措施。2012年，工业和信息化部及有关部门出台了促进民间投资的“36条”的实施细则，鼓励和支持民间资本进入基础设施和公共服务领域。2014年，国务院常务会议多次研究扶持小微企业工作，在财税支持、缓解融资成本高、鼓励创业创新、支持公共服务平台建设等方面出台政策措施。2015年9月1日，国务院常务会议决定，中央财政出资150亿元发挥杠杆作用，建立总规模600亿元的国家中小企业发展基金，促进中小企业创业创新。2015年12月25日，国家中小企业发展基金首只实体基金在广东深圳完成设立。2017年9月1日，习近平签署第74号主席令，修订后的《中华人民共和国中小企业促进法》正式公布，并于2018年1月1日起正式施行。新法将融资促进措施、行政许可事项、减轻企业负担、简化管理手续等方面的合理经验和优惠政策措施进行了系统总结，为中小企业的发展提供了法律保障。2017年10月，工业和信息化部等十六部门联合印发了《关于发挥民间投资作用推进实施制造强国战略的指导意见》，明确了促进民营制造业企业健康发展的指导思想、主要任务和保障措施，旨在释放民间投资活力，引导民营制造业企业转型升级，加快制造强国建设。2017年12月4日，国务院办公厅印发《关于

推动国防科技工业军民融合深度发展的意见》，为民营企业以及混合所有制企业参与武器装备研发提供了进入机遇。

（三）实施制造强国战略，培育中国制造国际竞争新优势

由于内外部环境发生了重大变化，制造业发展面临严峻挑战。为了迎接新的挑战，中国提出了制造强国的战略，并于2015年发布了《中国制造2025》，将其作为制造强国战略第一个十年的行动纲领。《中国制造2025》明确指出："形成经济增长新动力，塑造国际竞争新优势，重点在制造业，难点在制造业，出路也在制造业。"为了落实《中国制造2025》，工信部推动组建了国家制造强国领导小组和战略咨询委员会，制定形成了制造业创新中心建设工程、智能制造工程、绿色制造工程、高端装备创新工程、发展服务型制造专项行动、促进装备制造业质量品牌提升专项行动、医药工业发展规划、制造业人才发展规划、新材料产业发展、信息产业发展等"1＋X"规划体系，省市和企业也纷纷制定出台了落实方案和配套措施。2017年，"中国制造2025"国家级示范区启动创建，一批重大标志性项目和工程陆续落地实施。

（四）化解过剩产能，提升工业经济发展质量

过剩产能、落后产能是中国工业经济高质量发展的严重障碍。据统计，2014年，我国工业总体产能利用率约为78.8％。按照国际通行标准，产能利用率低于79％为过剩，低于75％为严重过剩。而我国31个制造业中有19个行业的产能利用率低于79％，已经属于过剩，还有7个行业的产能利用率低于70％，属于严重过剩。从行业分布看，产能严重过剩的行业不仅涉及钢铁、水泥、煤炭、电解铝、平板玻璃、船舶等传统行业，还蔓延到风电设备、多晶硅等新兴行业①。为了尽快化解过剩产能，提升工业经济发展质量，2015年中央经济工作会议提出实施供给侧结构性改革，并把"去产能"作为改革的主要内容之一。2016年中央

① 张先锋，蒋慕超，刘有璐等. 化解过剩产能的路径：出口抑或对外直接投资[J]. 财贸经济，2017.

经济工作会议提出了"三去一降一补"改革目标，继续把化解过剩产能作为重要任务。2016年，工业和信息化部、国家发改委会同相关部门，推动国务院发布《关于钢铁行业化解过剩产能实现脱困发展的意见》和《关于印发钢铁行业兼并重组处置"僵尸企业"工作方案的通知》，抓紧落实化解过剩产能措施。2017年，国家将钢铁行业去产能作为淘汰落后产能的重中之重，工业和信息化部、发展改革委等相关部门重点部署取缔"地条钢"生产，整治钢铁行业发展顽疾。

（五）这一阶段的成就

一是工业经济规模全球领先，产业结构升级步伐加快。2012年工业增加值为208 905.6亿元，2017年增加到279 997亿元，年均增长率为6%。制造业大国的国际地位得到进一步巩固，2015年，在成为世界第一制造大国之后仅仅5年，中国制造业增加值占世界制造业增加值总额的比重就超过了美国和日本之和。

表7-1　主要制造业大国的制造业增加值世界占比(以2010年不变价格计算)

单位：%

国别\年份	2005	2010	2016
中　国	11.66	18.51	24.36
美　国	20.27	17.64	15.99
日　本	11.02	10.31	8.73
德　国	7.29	6.57	6.29
韩　国	2.51	2.93	3.1
意大利	3.67	2.91	2.36
印　度	2	2.71	3.44
巴　西	2.88	2.71	1.84
法　国	3.1	2.58	2.3
英　国	2.66	2.15	1.84
俄罗斯	2.12	1.88	1.64
墨西哥	1.89	1.68	1.66
西班牙	2.16	1.68	1.33
印度尼西亚	1.55	1.6	1.83
加拿大	2.17	1.56	1.39

• 资料来源：联合国工业发展组织网站，https://tat.unido.org/app/country/W3.htm?Country=156&Group=962W。

中国工业的世界影响力不断增强的同时,内部结构优化升级步伐在不断加快。高技术产业增加值在2013—2015年期间年均增长11.4%,高于工业增加值平均增速3.4个百分点。据工信部数据,高端制造、智能制造等先进制造业投资快速增长,产融合作促进金融机构发放贷款超过2万亿元。工业化与信息化融合不断深化,工业互联网发展更加规范化、标准化,一批工业互联网平台正茁壮成长。智能制造、制造业数字化转型进程加快,以协同研发、服务型制造、智能网联汽车为代表的新业态、新模式蓬勃发展,数字化研发设计工具普及率达到61.8%,工业企业数字化生产设备联网率达到38.2%。传统产业改造升级步伐加快,技改投资占全部工业投资比重达到44.6%。新能源汽车保有量超过170万辆,连续三年位居全球第一。

二是制造强国建设取得多项成果。围绕"中国制造2025",制造业发展的相关规划和配套政策措施陆续推出,国家级示范区、试点示范城市陆续落地。一大批重大专项、基础工程取得新成果,"蓝鲸1号"在南海成功试采可燃冰,C919大型客机、AG600水陆两栖飞机成功首飞。制造业国际合作日益深化,中国与俄罗斯联合研制宽体客机CR929项目顺利启动,与美欧日等在智能制造、工业互联网、5G、智能网联汽车等领域交流合作广泛开展,金砖国家工业领域合作达成多项共识。此外,军工产业发展迎来新机遇,军民融合进入黄金发展期,首艘国产航母顺利下水,天舟一号货运飞船成功发射。

三是工业领域的供给侧结构性改革取得显著成效。在去产能方面,到2018年一季度,钢铁行业压减粗钢产能达1.2亿多吨,"地条钢"全面出清。据中国煤炭工业协会发布的《2017煤炭行业发展年度报告》,煤炭行业2016—2018年累计去产能总计5亿多吨。此外,电解铝、水泥、平板玻璃等行业过剩产能也得到进一步化解。据国家统计局数据,2018年1—5月份,规模以上工业企业每百元主营业务收入中的成本费用为92.59元,同比下降0.35元;其中,每百元主营业务收入中的成本为84.49元,同比下降0.31元。2018年5月末,规模以上工业企业资产负债率为56.6%,同比降低0.6个百分点。

(六)对下一阶段工业发展的展望

经过40年的改革开放,工业化取得了巨大成就,目前正处于中后期阶段。预计我国到2020年将基本实现工业化,到2030年前后将全面实现工业化[①]。然而需要看到,我国工业化发展还有一些不平衡、不充分的地方,与高质量工业化发展要求还有一定的距离,需要通过进一步深化改革开放予以解决。

中共十九大报告指出,新时代我国社会主要矛盾已经转化为人民日益增长的美好生活需要和不平衡不充分的发展之间的矛盾。我国主要矛盾在工业领域中具体表现为以下几个亟待解决的问题:一是如何尽快提升中高端供给能力以满足人民日益增长的美好生活需要问题;二是如何加快提升全球价值链中的地位以提高工业经济效益问题;三是如何加强自力更生、自主研发以应对日益激烈的国际产业竞争,保障产业安全问题;四是如何做到绿色发展以应对资源环境约束日益紧迫问题;五是如何加快产业空间布局重构以实现城乡包容性发展的要求;六是如何激发各类市场主体活力以实现大中小企业融合发展,共同促进制造强国问题。

要解决上述问题,我们要以习近平新时代中国特色社会主义思想为指导,加快落实制造强国"三步走"战略目标,要紧紧抓住"一带一路"倡议带来的国际产能合作机遇,通过加快构建科技创新体系,深入供给侧结构性改革,促进两化融合,推动军民融合发展,着力打造现代产业体系等措施予以落实。可以预期,经过工业战线和全国人民的艰苦奋斗、共同努力,我们加快从制造大国向制造强国转变,以新型工业化促进国家强盛和民族复兴的中国梦一定能够实现。

---

① 黄群慧. 从高速度工业化向高质量工业化转变[N]. 人民日报,2017-11-26(5).

第三节 工业改革开放 40 年的经验总结

中国工业改革开放 40 年取得了辉煌的成就，在中国共产党的带领下，全国人民齐心协力，在短短 40 年时间里将一个具有十几亿人口的发展中大国从工业化初期阶段快速带入工业化中后期阶段。总结中国工业化发展 40 年的经验，不仅帮助我们明确下一步工作的方向，而且能为广大发展中国家的工业化进程提供借鉴。这些经验具体可以归纳为以下几点：

一、坚持全面深化改革是新时代中国新型工业化道路的基本保障

1978 年以来，我国始终坚持改革开放，努力构建稳定和谐的发展环境，为工业化进程稳步推进提供了根本保障。中共十八大以来，以习近平为核心的党中央在党和人民创造性实践中，不断进行理论思考、理论概括，提出了习近平中国特色社会主义思想，把我们党对共产党执政规律、社会主义建设规律、人类社会发展规律的认识提高到新水平。而全面深化改革是习近平中国特色社会主义思想的重要理论内涵，也是坚持和发展中国特色社会主义的基本方略。在新时代，坚持全面深化改革就成为新时代中国新型工业化道路的基本保障。

二、根据实际情况及时调控工业结构，尊重产业演进的客观规律

改革开放之初，国家对重工业规模过高，轻工业发展相对缓慢的状况做出了调整，大力发展轻工业，家电产业得到迅猛发展，此后轻工业和重工业结构比例逐渐恢复平衡。20 世纪 90 年代以来，随着工业增长速度的不断增加，经济发展和人民生活需求得到逐渐满足的同时，部分

行业出现了产能过剩，提高产业技术水平，提高工业经济效益等问题成为我国工业经济发展面临的新问题。国家通过加强宏观调控、鼓励自主创新、振兴传统产业、发展战略性新兴产业等措施予以应对，工业发展的质量和效益得到改善和提高。2012年以来，以习近平为核心的党中央高瞻远瞩，做出了建设制造强国的战略部署。中国的工业发展战略在强调自力更生、自主创新的同时，更加注重与新一代信息技术的融合发展。中国工业40年改革开放历程表明，根据国民经济发展的实际情况及时调控工业结构，尊重产业演进的客观规律是促进工业经济稳定健康发展的保障，是实现制造强国目标的保障。

三、制造业对创新和一国经济发展发挥着独特的重要作用

习近平总书记在中共十九次全国代表大会报告中指出，创新是引领发展的第一动力。制造业在技术复杂度和管理复杂度上大大高于农业和服务业，因此制造业是一国科技创新活动的主要产业载体，制造业在创新中所起的独特作用是其他产业无法替代的。经过40年的改革开放，中国工业在模块化架构产品如工程机械、家电、电子消费品，以及部分大型复杂装备如通信设备、高铁、核电设备和水电设备等领域形成了国际竞争优势[①]。2008年国际金融危机以来，美欧等世界主要发达国家重新认识到制造业对一国经济发展的重要性，纷纷采取"再工业化"战略，力图纠正虚拟经济过度发展带来的产业空心化和创新乏力问题。中国向来重视实体经济发展，中共十八大报告明确提出，"牢牢把握发展实体经济这一坚实基础，实行更加有利于实体经济发展的政策措施"。习近平总书记指出"必须始终高度重视发展壮大实体经济，抓实体经济一定要抓好制造业"[②]。中共十九大在总结我国工业发

① 黄群慧，贺俊．中国制造业的核心能力、功能定位与发展战略——兼评《中国制造2025》[J]．中国工业经济，2015(6)：5—17.

② 深入学习贯彻党的十九大精神紧扣新时代要求推动发展[N].徐州：徐州日报，2017-12-14(第1版).

展经验的基础上，提出了“加快建设制造强国，加快发展先进制造业”的战略目标。

四、注重国内国外两个市场、两种资源协同并举

随着美欧等发达国家进入后工业化时代，跨国公司主导的全球价值链分工体系逐渐成熟，各国工业企业依托全球价值链进行的互动变得日益频繁。中国工业借助对外开放的东风迅速融入全球分工体系，实现了产能和市场的迅速扩张，获得了宝贵的资本、技术和管理经验。

需要指出的是，尽管中国采取了积极对外开放的工业化发展模式，但这种模式既有别于大多数发展中国家常用的出口导向型工业化发展模式，也有别于拉美国家采用的进口替代型工业化发展模式，而是一种非典型的出口导向型工业化发展模式。典型意义上的出口导向主要依靠本国生产要素，而中国改革开放初期则采取了将外国资本要素与本国劳动力、资源要素相结合，大力发展加工贸易的工业化发展模式。随着改革开放不断深入和经济实力的不断增强，中国工业又采取了“引进来”和“走出去”并重，鼓励企业实施对外直接投资，获取本国工业发展所需的资源和技术等生产要素，实施国际产能合作，促进了各国经济的共同发展。由此可见，尽管不同时期的侧重点有所不同，但是中国工业的开放发展始终坚持了国内国外两个市场、两种资源协同并举的道路。这种开放发展模式既避免了出口导向型工业化存在的长期依赖初级生产要素，工业结构过于单一的缺陷，也避免了进口替代型工业化容易导致的市场扭曲与经常项目长期逆差问题，因此是广大发展中国家值得借鉴的工业化发展模式。

五、通过经济特区有效降低工业经济发展的制度性障碍和资金需求

工业经济发展对一国的基础设施、制度环境有较高的要求，而广大

发展中国家往往存在基础设施落后、市场经济体制机制不完善的问题，这些问题很难在短期内得到解决。经济特区通过在一国特别划定一定区域实施有别于区外的特殊法律法规和优惠政策的方式，吸进外资、引进技术、创造就业，促进经济发展。

中国工业发展在很大程度上得益于经济特区的发展。与一般意义上的园区型经济相比，中国的经济特区具有以下几个方面的特点：一是经济制度改革是设立园区的主要目标之一。中国经济特区设立的根本目标是探索从计划经济体制向市场经济体制转变的实施路径和可行性，从而为工业改革开放提供制度试验场所和风险压力测试场所，为体制机制障碍找到突破口，而非简单的吸引外资或促进对外贸易发展。因此政府及其派出机构在各类园区的设立与发展进程中始终扮演了主导性角色。二是工业化发展目标与经济特区的发展相结合。国家和地方政府在设立经济特区、经济开发区、产业园等时都会根据本国或本地经济发展需要制定相应的招商引资政策，对符合产业发展需求的外资给予政策优惠，而对不符合产业发展需求的外资则予以限制或禁止。因此，中国的经济特区成为工业化发展所需的技术引进、创新创业和产业升级的集聚地和扩散地。短期内集聚了大量优秀的工业企业，实现工业经济的快速发展，并通过产业链上下游的示范效应、竞争效应、联动效应和溢出效应带动工业经济的整体发展。三是在特定范围内集中政策优势和土地资源，发展工业经济。中国政府通过在园区内提供集中的基础设施，并实施了特殊的法律、法规、税收、土地、劳动力、财政、海关和人才政策，有效降低区内工业企业运营成本，为园区内的工业企业营造良好的发展空间。

第八章
“超级全球化”影响与中国作用

全球金融危机发生十年来，一股反对全球化的“逆全球化”思潮汹涌到来，全球化正处在一个十字路口。但与此同时，这十年中，互联网却深刻地影响并加剧了全球化进程，也催生出了一系列新兴的、以互联网为依托的新业态、新模式、新产业，真正带动了“扁平化”世界迅猛发展。人类正在进入一个没有边界的、流动的网络世界——“超级全球化”时代到来。然而，面对这个隐约显现的新时代，我们还需要破解许多问题，既要明晰“超级全球化”的前世、今生和未来，也要思考“超级全球化”可能带来的影响、挑战。

第一节　全球化历史进程与“超级全球化”

一、全球化的历史进程

全球化是一个漫长的历史过程，也是人类历史发展的必然归属。事实上，全球化从其发生、发展及至演化开始，虽然有高潮、低潮乃至回潮，但这一进程从未被彻底阻断。也正是因此，面对当下人们对美国主导全球化的反思、担忧，以及信息数字技术革命启动的“超级全球化”的显现，我们有必要回顾全球化历史进程，进而去理解“超级全球化”对我们可能带来的影响。

（一）农牧社会的全球化：丝绸之路

始于 2 000 年前的丝绸之路，是人类历史上第一次全球化。当时的欧亚大陆被绵延 6 000 千米的丝绸之路联结在一起，贸易和交流通路的兴盛促进了当时王朝经济的发展和繁荣,也促使着中国传统社会走向鼎盛。在这段历史的推进中,我们看到,农牧时代的封建王朝一旦选择封闭自守的对外政策,一旦中断丝绸之路的对外联结,王朝的衰败就为时不远。

(二)工业社会的全球化:海外扩张

进入工业革命时代,科技水平、生产力以及综合国力以惊人的速度增长。一国自有的地域空间难以承载生产力扩张的步伐,海外扩张应运而出。此时的全球化带来了先发国家的进一步发展,却因具有强烈的侵略和殖民色彩,在落后国家的抗争中走向终结。但全球化的进程却没有停止,基于市场规则和要素流动的全球化运动深入发展,国际贸易、国际投资乃至国际金融不断掀起高潮。

(三)工业化与信息化并存时代的全球化:金融帝国主义

从20世纪90年代开始,全球化迎来了美国和美元主导的时代。观察这段时期,我们发现,全球经济正处在工业化加速推进和信息化时代开启的交叠时期。一方面,全球工业化的加速推进促使着新兴经济体快速融入全球制造业价值链低端,低廉的制造成本为发达国家财富积累提供了绝佳条件;另一方面,信息化时代的来临提高了人们的精算能力,助长了用财富创造财富想法,金融工程被广泛应用。然而,这时的信息化仍然是初步的,是无法在人类欲望和风险抵御之间找到有效平衡点,一场席卷全球的金融风暴被孕育直至2008年发生。

(四)数字化时代的经济全球化:“超级全球化”

全球金融危机的爆发预示着“美国主导”全球化走向了穷途末路。说到底,在WTO框架下,无论是贸易和投资的全球化,还是生产要素的跨国界配置与整合,都是从属于美国的国家利益。今天看来,这种“美式”全球化在引致发达国家产业高级化的同时,也孕育了高端产业排斥低端就业的矛盾,蓝领工人认为这样的全球化剥夺了自己的就业权,这恰恰是美国特朗普政府提出再工业化战略的重要原因。但要注意的是,在最近的 10 年里，互联网技术及其商业模式在全球范围内悄然兴起并大规模发展，人们越来越感受到移动互联网、大数据、云计算、物联网等对人类生产生活的强烈影响，这在一定程度上改写了美式全球化的内涵，一个依托于“互联网＋”之上的全新的“超级全球化”应运而生。可以预见，在不远的将来，人工智能化与地球拟人化更会加速“超级全球化”进程。

展望未来，课题组认为，移动互联网、物联网、大数据、云计算等技术的发展和应用，改写了美式全球化，带来了“超级全球化”。未来信息化与人工智能化深度融合，具有智能技术、软件化趋势、数字化技术、流动性时代、分享经济等特点的“地球拟人化”将进一步加速“超级全球化”，社会主义、共产主义发展新理念再次引起人们的思考。但同时，也为如何完善全球化发展的治理体系和规则提出了新的挑战和思考。

二、“超级全球化”的内在必然性

（一）全球经济新周期的表现

肇始于 2008 年的全球金融危机，让全球经济经历了 10 年的衰退期，到目前为止，增长意义的复苏迹象仍未真正显现。然而，在这 10 年中，全球经历了一场以“互联网＋”推动经济发展的浪潮，各种新业态、新模式、新产业层不断涌现。蓬勃发展的互联网线上经济与深陷萧条的线下经济形成鲜明对比，并对全球经济发展产生着综合的作用。在我们看来，全球金融危机的爆发是美式全球化走向极致的结果，过度崇尚于“高科技＋金融”的发展模式，显露了美式全球化的种种缺陷。在这样的背景下，互联网技术的突破和商业应用，缓解了美式全球化带来的各种问题，它以更加平等、开放、共享的方式推动全球资源配置，开启了另一种全球化道路。尽管这条道路才刚刚开始，但从互联网经济的发展势头和众多脱颖而出的创新公司可以预见，“互联网＋”引领的全球化既是美式全球化的“替代品”，更是驱动全球经济进入新周期的引擎。

（二）信息技术新突破的必然结果

每一次颠覆式技术创新（造船技术、电力技术），都极大推动了全球化的深度和广度，这在大航海时代和电能通信时代均得到证明。今天，人类开始进入以全球数字通信、泛在链接和可负担性的普遍网络化为特征的信息社会，促成了一大批新的商务模式和服务业态，并对全球性要素配置提出了分工、联合生产的新要求。从未来看，以云计算、大数据、人工智能、移动通信与物联网等技术的融合，人们终将步入一个崭新的数据社会。此时，数据是关键经济资源，它因具有普惠与私有双重属性，兼具光速流动和无限复制特征，同时在现有可见的物质世界外衍生

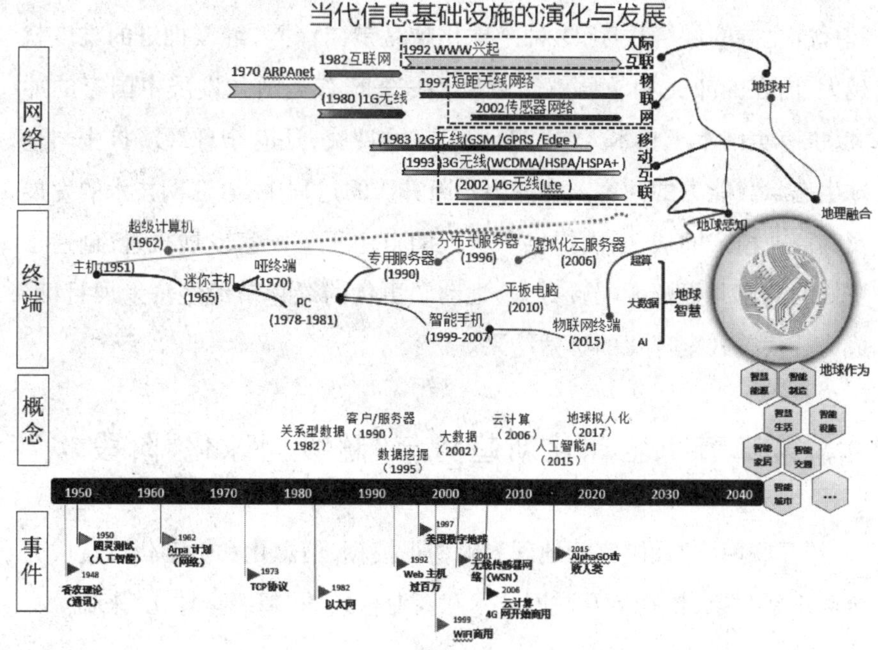

图 8-1　当代信息基础设施的演化与发展

• 注：随着通信技术与无处不在的无线传感器网络的创新发展，万物具有人类独有的末端神经感知功能，从而万物皆有“灵”，犹如整个地球都可随时被感知，这构成了地球人格化的认知基础，超级计算能力和人工智能的发展使得各类物质具备自我思考、自我进化的能力，整个地球犹如人类拥有大脑般将具备一定的智慧能力。但即便地球具备感知和思考能力，仍然服务于人类万灵，通过智能基础设施、智能制造、智慧生活等，为人类提供更为舒适与安全的环境。

出一个既无疆域也无核心的全新网络空间。在这个空间上,由于聚集了人类的生产和生活活动,将被人类赋予感知能力而积淀大量数据、物物之间沟通互联加上人工智能所产生的思考能力,以及物物之间竞争与协同,将引导我们进入新的全球化时代。这次全球化最大的不同是要素之间具备自我配置、计划调节的能力。

（三）美式全球化困惑与反思及其修正

“超级全球化”是解决美式全球化内在冲突的必然结果,也是替代美式全球化的经济全球化发展新趋势。这里注意,全球金融危机的爆发,打破了“美国金融创新式需求扩张—中国投资驱动式生产扩张—俄澳等国资源输出式能源扩张”的全球经济平衡链条,美国主导的扩张型全球化道路遭遇了全面冲击。因为这种全球化建构的是美元以及美国技术和标准主导的经济秩序,这种全球化越是走向深入,继续推进的难度就越大,内在的冲突和矛盾就会越剧烈——既有美国与发展中国家的冲突,也有美国本土技术人员和蓝领个人的冲突,还有全球经济扩张与全球生态承载能力的冲突。在冲突不断升级的过程中,互联网技术的发展及其商业模式的成功,因提供了更大的自主平等国家发展机遇、创造了更好的共享共赢资源配置方式、推动了更优的绿色节约经济发展目标,成为替代美式全球化的必然结果。

第二节　全球化新趋势与“超级全球化”阶段

“互联网＋”让国家间地理界限变得模糊,信息化和数字化日益成为全球化新引擎,依托于互联网技术和商业模式的“超级全球化”来临。

一、全球化最新趋势

在互联网技术和新模式的作用下,经济全球化正在经历新的变化,出现了新的发展趋势。

（一）社交全球化推动个人中心的全球化

互联网改变了全球化的驱动主体，原先那种以国家和大公司战略主导的全球化正在被分散化的小型个体替代。我们看到，互联网让信息流动变得更为充分，小型创新型公司乃至个体创业者也可以获得即时充分信息，掌握客户精准画像。此时，好的创意和想法是创造财富的关键，资本将随创意而动。

在万物互联之下，个体日益成为新业态、新模式的创新主体。人们通过社交平台、移动互联进行全球交流并充分分享各自的想法，通过云计算以及人工智能可以第一时间掌握全球商机，由此产生的商业创新既符合人们的个性化需求，又可以通过互联网平台进行远程市场开发。所以，只要有一个好的想法，任何人都可能在短时间内做出一个全球性企业。

（二）大数据和云计算支配全球资源配置

当今世界正在经历一场“数据革命”，快速发展、充满变革的“大数据”时代正在到来。互联网、物联网、云计算、智慧地球正在使数据沿着“摩尔定律”飞速增长，一个与物理空间平行的数字空间正在形成。在新的数字世界当中，顺应趋势、积极谋变的国家和企业将乘势崛起，成为新的领军者；无动于衷、墨守成规的组织将逐渐被边缘化，失去竞争的活力和动力。

大数据已经被赋予多重战略含义。从资源的角度，数据被视为“未来的石油”，作为战略性资产进行管理；从国家治理角度，大数据被用来提升治理效率、重构治理模式、破解治理难题，它将掀起一场国家治理革命；从经济增长角度，大数据是全球经济低迷环境下的产业亮点，是战略新兴产业的最活跃部分；从国家安全角度，全球数据空间没有国界边疆，大数据能力成为大国之间博弈和较量的利器。国家竞争焦点将从资本、土地、人口、资源转向数据空间。

（三）超级本地化与超级全球化协同推进

在全球高度互联的时代，本地化与全球化的界限日益模糊。比如，互联网大规模运用之前，一国商品、商业模式等只有转移到东道国才可以被他国消费者感知，在确定具有利润空间后，跨国公司才会在东道国投资设厂，这种全球化只是跨国公司母国经济活动的空间复制。今天，原本局限于本国的经济活动可以通过互联网平台轻松开展跨国经营，通过互联网商业模式创新，这种本地化经济活动也能够“足不出户”成长为全球性商业模式。当然，全球性商业模式需要搜集当地客户数据，通过客户精准画像才可以成功地在地化。互联网让这一切变得如此便利和廉价，在地化与全球化只需通过互联网加以转换即可完成。

更要看到的是，万物互联下的经济“超级全球化”，改变并深化了超级本地化的内涵。此时，设计、研发、生产、销售虽然依旧按照本地化时代需求开展，但各国经济利益却通过互联网全面黏合为一个整体。每一个国家都必须尊重他国的利益，这是“超级全球化”的特权，达成了全球化与本地化的统一协调。一个“不分国别市场以大数据优化和整合全球资源配置的，且能够给当地创造价值、给当地创造就业、给当地创造税收”的全球化经济体系全面发展起来。这个体系将从根本上改变美式全球化那种“利用他国资源为自己服务而不管别国好坏”的自私性质。

（四）新兴经济体成为经济全球化新动力

长期以来，发达国家成为推动世界经济的重要引擎。信息技术的发展使发达国家将原来在国内完成的一些生产环节外包给了拥有成本优势的发展中国家，特别是一些新兴经济体，新兴经济体得以深度融入全球分工体系。国际金融危机后，新兴经济体经济增速明显高于发达经济体，群体性崛起呈加速上升态势，复苏进程中的双速增长使实力对比和国际经济格局发生显著变化。

在未来工业化、城市化和全球价值链分工不断深化的过程中，新兴经济体增长潜力以及对全球资源、技术、海外市场和跨境投资的需求巨大，将成为推动全球化的重要推动力量。而且，随着生活水平的提升和中产阶层的大量出现，新兴经济体将成为未来消费增长的新亮点，为全球化带来新的增长动力和市场机遇。

二、“超级全球化”的阶段划分

（一）孕育阶段

2008年以来经济全球化表现为工业化推进信息化的特点，以互联网为代表的新一代信息技术正在积蓄力量，悄然地改变着经济全球化的发展形态和内容。

以互联网为代表的新一代信息技术不断积蓄力量，改变了经济全球化的形态和内容。18世纪后半叶，以蒸汽机技术为代表的工业革命极大地改变了人类历史的发展进程。随着工业化的深入发展，制造业的加工精度、工艺复杂度越来越高，加上各种新材料的发明和使用，信息产业得到飞速发展。工业化为数字经济发展提供了坚实的物质基础，具体表现在三个方面：一是工业品和消费品的智能化和网络化；二是生产方式的柔性化；三是产业发展的融合化。从20世纪90年代到2008年全球金融危机之前，工业化为信息化发展奠定了物质基础，电子计算机制造业和互联网基础设施制造业的发展极大推进了人类社会的信息化水平。2008年之后，信息化日益引领工业化发展，信息技术日益渗透到传统产业，引发全球价值链重构。未来，科技进步将朝人工智能化与地球拟人化方向发展，合作共存型经济全球化将成为人类社会发展的唯一出路。

（二）发展阶段

2008年以来，“互联网＋”掀起了信息化引领工业化的潮流，大数据成为支配经济全球化的“超级要素”，新兴经济体拥有“弯道超车”的能力。

从近年全球发展的情况来看，全球金融危机后，新兴经济体的经济增速明显高于发达经济体，群体性崛起呈加速上升态势，复苏进程中的双速增长使实力对比和国际经济格局发生显著变化。从经济总量看，

2000—2011 年,代表发达国家的七国集团(G7)在全球的比重从 66%下降到 48%,而 24 个新兴经济体(E24)的占比则从 16%上升至29%。从贸易和投资额看,G7 占全球进口的比重从近 50%降至 37%,同期 E24 占比从 16%提高到 28%;2012 年全球跨境投资降至 1.3 万亿美元,但发展中国家吸收的国际直接投资(FDI)达 6 800 亿美元,首超发达国家。

伴随着新兴经济体的快速发展,互联网经济正在这些国家快速渗透。根据《G20 国家互联网发展研究报告》(2016)的数据显示,G20 发达国家市场的互联网经济占 GDP 比重平均水平为 5.5%,发展中国家平均水平为 4.9%,中国互联网经济占 GDP 比重为 6.9%,超过发达国家均线。另如麦肯锡 2013 年发布的新兴市场调查报告预测,到 2025 年,将会有一半的《财富》世界 500 强企业总部让位于现在的新兴市场。

（三）成熟阶段

未来,人工智能化+VR 将促进地球拟人化,个体与整体、国别与全球、短期与长期的利益关系加速协调,万物相联,彻底削弱地理空间在经济全球化中的作用,加速“地球拟人化”,全球社会主义的发展特征和趋向越来越显著。

人工智能技术的发展显著提高了大数据自主分析能力。如果不具有智能技术,即使存在所需的庞大数据,也无法对大数据进行收集、处理、分析,无法从中发掘出新的意义、产生新的价值。人工智能技术通过读懂视频、音频甚至人类自然语言,分析物联网中大量琐碎的非结构化数据,可以总结出其中隐含的规律,支持智能决策。所以,大数据和人工智能技术的有效运用将推动物联网发展,实现物联网从量变到质变的飞跃。

物联网的发展推动了物理世界、数字世界和人类社会之间的界限逐渐消失,计算技术进入人、机、物三元融合发展期,虚拟现实成为人、机、物三元融合的重要支撑。

区块链通过加密技术能形成一个去中心化的可靠、透明、安全、可追溯的分布式数据库，推动互联网数据记录、传播及存储管理方式变革，大大降低信用成本，简化业务流程，提高交易效率，重塑现有的产业组织模式、社会管理模式，提高公共服务水平，实现互联网从信息传播向价值转移的转变。

地球拟人化是“物联网”和“互联网”为主要运行载体的现代高新技术的总称，是对当前世界所面临的许多重大问题的一种积极的解决方案。地球拟人化把感应器嵌入和装备到物质世界中，并且形成物联网。而后通过超级计算机和“云计算”将“物联网”整合起来，这不仅仅能够在短期内有力地刺激经济、促进就业，而且能够在短时间内为国家打造一个成熟的智慧基础设施平台。随着人工智能日益取代传统劳动力，物联网实现万物相联，人类将能以更加精细和动态的方式管理生产和生活，从而达到全球“智慧”状态。

但也要看到的是，随着人工智能与地球拟人化的发展，安全威胁也日益增多。高危漏洞数量有增无减，网络攻击越演越烈，关键基础设施面临严重威胁，金融领域、能源行业成为重灾区。技术进步还将引起就业结构的巨大变化。根据世界经济论坛数据，今天上小学的孩子有65％最终将从事现在还不存在的全新职业，目前的趋势会导致劳动市场于 2015—2020 年发生巨大变革。随着数字经济的深入发展，劳动生产力将突破金融帝国主义阶段，如果各国不走向合作共存，地球将不是共存就是共亡。因此，合作共存将成为人类社会应对数字鸿沟、金融危机、生态危机，以及难民等全球化挑战的唯一出路。

第三节 “超级全球化”的影响与挑战

一、“超级全球化”的三重特性

（一）超越传统工业化

传统工业化是基于第一次、第二次工业革命而衍生的工业化，而在互联网背景下，互联网与传统工业化相结合，形成的是工业互联网，是更高层次的工业化。信息数字时代，互联网、人工智能与传统工业的紧密结合，催生了新业态、新模式和新规则，是更高层次的工业化。

（二）超越传统经济全球化

传统经济全球化是以资本、技术等生产要素的跨国流动为代表，而互联网中要素的时空限制被打破，既可以全球生产也可以当地生产。经济全球化进入了基于网络的更高层次上。“超级全球化”以大数据资源为黏合剂、以“互联网＋”为拓展手段、以信息数字技术为支撑，实现了全球国别经济的协同发展，发展中国家立足本地利益的经济活动，也是全球利益协同的体现。

（三）超越资本主义生产方式

资本主义产生的是过度生产，资源由于市场失灵而错配。而超级全球化中由于共享经济、平台经济的存在，资源配置效率更高，资本主义的缺陷被互联网所弥补。从社会福利上看，更倾向于社会主义而不是资本主义。“超级全球化”突出大数据的计划引导、资源的共享模式，以及私权公用的互联网所有制性质，资本主义私人生产和社会生产的矛盾逐渐弥合，全球越来越朝着社会主义方向发展。

二、“超级全球化”的影响

（一）对全球生产和资源配置方式的深刻影响

美式全球化下的全球生产导致价值链布局与国别对应，发达国家引起了蓝领不满，发展中国家被锁定在低端，加之人口红利也困难重重。因此，“超级全球化”的影响有以下几点：一是大数据可以推动资源共享，优化资源配置。在互联网经济中数据为王，大数据将颠覆传统的资源配置方式，以共享经济、平台经济为代表的新经济模式大发展，在传统经济模式中存在边际报酬递减，但是在大数据背景下，可能存在的是边际报酬递增，资源配置效率在“超级全球化”中变得越来越高。二是人工智能可以延伸人口红利。人工智能颠覆了劳动方式,解放了劳动力,从事简单劳动的劳动力可能面临失业,技术型、知识型劳动力的劳动时间相反将得以延伸。中国的老龄化也在加速,人口红利不断衰减,但是人工智能可能改变这一趋势。三是“互联网+”可以扩张就业能力。互联网具有正的外部性、共享性、便捷性等优势,可以最大化地激活全社会资源,互联网在带动产业发展的同时也促进了就业增长。四是推动产业价值链的扁平化。互联网的全面渗透带动了供应链管理的优化,生产链条上各个环节由于互联网的黏合推动了供需无缝链接,节约了中间环节,全球生产管理更加便捷。

（二）对全球消费模式的深刻影响

互联网首先是从改变人们的生活入手再延伸到了生产领域,从电脑端到手机端,“超级全球化”对消费的影响涉及远程消费、信用消费、消费者福利等多个方面。

①远程消费,网络平台颠覆性影响的集中体现。互联网下电子商务的出现改变了营销模式,任何一个商品可以通过互联网销往世界上任何一个地方。供给端的改变引致了需求的扩张,地理因素不再是限制消费的理由。不断出现的网络平台,将电子商务业务扩展到了餐饮、出行、娱乐等各个方面,足不出户就能购买到全球各地的产品。②信用消费,体现为电子货币改革了支付理念。支付宝、微信钱包等各种互联网金融产品改革了支付模式,第三方支付规模激增。比达咨询(BigData-research)发布的《2016 中国第三方移动支付市场研究报告》显示,2016 年中国第三方支付总交易额为 58 万亿人民币,同比增长 85.6%。其中,移动支付 38.6 万亿元,是美国的 50 倍,第三方支付背后反映的是信用消费的变革。③消费者福利改善,实现了从生产者到消费者的全面改善。互联网共享平台提高了供给配置效率,大量闲置的供给要素进入市场当中,通过竞争效应、学习效应促进了整体要素生产效率的改善,企业的生产成本降低,生产者剩余增加。另外,互联网使得价格更加透

明,竞争促使个性化产品增多,消费者福利得到改善。

(三)对产业发展与产业链和价值链深刻影响

在“超级全球化”时代中,全民创新将成为新时尚,产业创新速度将以几何级数增长,产品创新、工艺创新层出不穷。

①所有产业都可能成为全球性产业。在互联网的裹挟下,产业业态兴起与消亡的速度将加快,产业的跨国转移将更加便捷,任何产业都可能成为全球性产业。全球性产业意味着面对是全球性的竞争,能够让企业保持长盛不衰的难度越来越大,企业在专业化的同时也保持着多元化以应对市场变化。②大数据将渗透到各个产业当中。大数据将作为一个重要的新兴产业被广泛应用到其他产业发展中,大数据分析颠覆了传统的回归分析模式。互联网的数据共享为大数据提供了条件,大数据分析做到了以数据说话,基于大数据能够最大可能地抓住问题的核心,提出的解决问题方法也更有效。③产业风险加剧。互联网导致各种要素的流动加速,高速流动的要素在促进经济发展的同时也隐藏了更大的风险。产业发展与资本和互联网的联系更加紧密,而这两个要素最活跃,也更容易产生风险。比如资本快速撤离带来了经济风险,网络诈骗、黑客攻击带来了网络风险。

(四)对全球治理的深刻影响

信息化时代下,现有资本主义生产力和生产关系、社会主义市场经济、社会主义计划经济与共产主义再认识、全球经济治理体系等多个方面都可能产生变革,全球治理将达到新高度。

①国家间的竞争由于互联而加剧。传统的国家竞争是综合国力的竞争,包括经济、政治、军事、文化、科技等,注重强调一国的基本资源。而在“超级全球化”时代,信息共享高度发达,资源在全球流动加快,一切有利于个人发展和吸引全球资源的能力将成为新的竞争力。②国家战略要服从于公司战略。信息共享对于跨国公司是另一个新的历史性机遇,小企业可能由于成本低廉更容易创新,但是大公司无疑将更容易

形成寡头。国家战略在超级全球化下要从公司战略出发,以服务公司战略为导向。③网络冲突有可能超过地区冲突。互联网技术带来发展便利的同时,网络风险也在加大,无处不在的网络攻击可能取代地区冲突成为新型对抗模式。

三、“超级全球化”的三大挑战归纳

“超级全球化”是以互联网的深入发展为基础,以超越工业化、超越经济全球化和超级资本主义为特征,融合了本地化与全球化的发展模式而形成了全新的全球化。没有国家可以关起门来搞发展,任何一个国家的发展都离不开“超级全球化”,中国面对“超级全球化”既有挑战也有机遇。

(一)信息化危机与信息文明

互联网与全球经济深度融合后,信息化危机频繁出现,要求从工业文明上升到信息文明。互联网与经济深度融合后信息的透明度与经济的共享性提高,如何防范信息化下的经济风险成为了我们面对的重要问题。经济数字化、危机网络化要求防范包括数字霸权、道德风险、信息安全在内的信息危机,构建全人类的信息文明范式。例如,组织严密的电信诈骗、防不胜防的互联网金融骗局等。信息化危机的出现也要求提升信息文明程度。信息安全管理是政府面临的新挑战,工业化是以实物为媒介,过去几百年发展的工业文明无法解决信息文明中问题。

人的道德水平是解决信息危机的根源。典型的表现在金融领域。信息化推动电子货币迅猛发展,互联网金融诈骗防不胜防,保护金融网络系统的安全也将上升到更高水平。另外,网络冲突与传统地区相比更隐蔽,涉及的面更广,攻击方成本更低,危害更大,化解信息化危机与提高信息化文明相伴相生。社会经济在利用互联网取得长足发展的同时,对政府监管能力也提出了新的要求,利用互联网多种渠道提高道德水平,从多方面推动信息文明的建设。

(二)全球治理危机与治理文明

信息数字时代,各国联系程度更强,孤立于世界将得不到发展。分享经济与合作经济、协作经济共荣发展,人类命运共同的意义更突出,需要营造全球治理文明的新理念和新规则。信息化、智能化、大数据、云计算等技术对传统资本主义生产方式产生了冲击,资本主义下的市场失灵更加频繁。全球治理从单纯的经济层面延伸到意识形态层面,协调资本主义生产关系将成为全球治理走向新高度的基本条件。劳动与资本关系的影响与修复需要在全球范围内展开,正确处理发展不平衡成为了重要任务等,这些都是“超级全球化”时代面临的新课题。

美式全球化的全球治理是国与国综合实力较量,“超级全球化”的全球治理延伸到了公司层面与网络领域。跨国公司的规模扩张必然要求国家更加开放市场,更大范围扩大准入,要求国家对人员的流动限制减少等,最终可能导致国家政策做出调整,甚至可能涉及国家安全。因此,国家战略要从公司战略出发,以服务公司战略为导向,国家政策被跨国公司的公司利益绑架。因此,全球治理文明需要协调国家、公司、个人三方的利益关系,治理难度加大。

另外,“超级全球化”是供求的“超级本地化”与“超级全球化”。一方面资本、技术可以全球快速转移,另一方面自然资源、劳动力等要素的转移相对困难,生产将超级本地化,与此同时,通过互联网所建立的平台可以搜集来自全球的需求信息,需求受地域的影响将逐渐减小。从资源优化配置的角度,需求的全球化内在要求生产的本地化,然而,供给与需求在地理结构上的变化将对现有的贸易、投资、金融规则产生冲击,贸易保护主义将利用互联网技术深入产品构成的各个部分,WTO在网络化环境中对商品的管理已经面临越来越多的问题,全球经济治理要求在网络层面出台新的全球性规则。数字竞争与数字规则将更加重要,G7 合作需要在互联网监管上进行规则的协同,通过优化全球网络治理提升治理水平。因此,全球治理的主体与渠道也将发生变化。

（三）全球生态危机与生态文明

传统资本主义带来的全球生态危机亟待全球加快生态文明治理。全球气温上升将对人类生存产生重大影响,水污染、大气污染也日益威胁着健康,解决环境问题迫在眉睫。与此同时,在“超级全球化”时代,产业组织方式变革、人类生活方式变化、技术创新与进步发展等,共同推动实现绿色发展与可持续新目标。不断出现的生态危机让我们重新思考经济发展,不能再走先污染再治理的老路,生态文明是既要金山银山又有绿水青山的美好模式。

“超级全球化”将随着大数据、云计算、人工智能的广泛应用而进入崭新领域。万物互联后人类的存亡问题将从哲学层面回到现实,如何实现发展与生态的良性循环,如何更好地保护我们共同生活的地球将是人类面临的共同难题。人类为了满足欲望不断扩张,发展中国家与发达国家不能就环保达成共识的结果就是温室效应加剧、海平面上升,生态恶化倒逼资本主义改革。因此,“超级全球化”的发展结果蕴含了社会主义发展趋势,全球生态文明将自觉走向以共存、共建、共享为核心的新体系。

第四节 中国在超级全球化时代的作用

由互联网技术创新和应用引发的超级全球化,必将世界各国引入一个崭新的发展环境,在这个过程中,中国的作用将越发显现。

一、中国互联网经济的规模庞大

中国的互联网经济起步较晚,前期推进也比较缓慢。1997—2006年的10年间,中国的互联网经济发展速度加快。2006年以来,互联网经济的发展进入新的一轮快速增长时期,互联网普及率快速提高,时至今日，中国互联网经济已经成为拉动国民经济增长的主导因素之一。根据艾瑞咨询发布的 2014 年中国网络购物市场数据(如图 8-2 所示)，中国网络购物市场交易规模在 2011—2014 年，一直保持 45％以上的增长率。特别是 2011 年，网络购物市场交易规模增长率达到了 70.2％。2014 年达到网络购物交易规模 2.8 万亿，相比 2013 年增长48.7％。由此可见，中国网络购物交易规模仍然维持在较高的增长水平，并将继续保持高速增长。

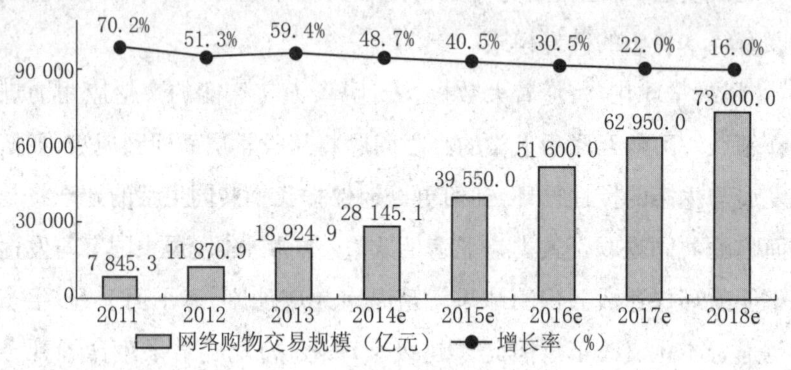

图 8-2　2011—2018 年中国网络购物市场交易规模

• 注：网络购物市场规模为 C2C 交易额和 B2C 交易额之和。
资料来源：综合企业财报及专家访谈，根据艾瑞统计模型核算。

从全球主要经济体来看，数据显示，美国和日本互联网经济相对规模在全球各国名列前茅(见图 8-3)，从 2010 年到 2013 年间，互联网经济占 GDP 比重不断扩张，但绝对增长幅度小于中国。

从中美日互联网经济公司的实际发展情况来看，根据俄罗斯工程师将全球 196 个国家 35 万个网站数据整合起来制作的“互联网星球图”显示，在全球互联网公司级别和数量规模上，中国互联网如百度、阿里巴巴、腾讯、新浪和网易等发展势头较强劲，而日本本土知名的互联网公司却寥寥无几，互联网公司数量也明显少于中、美两国。

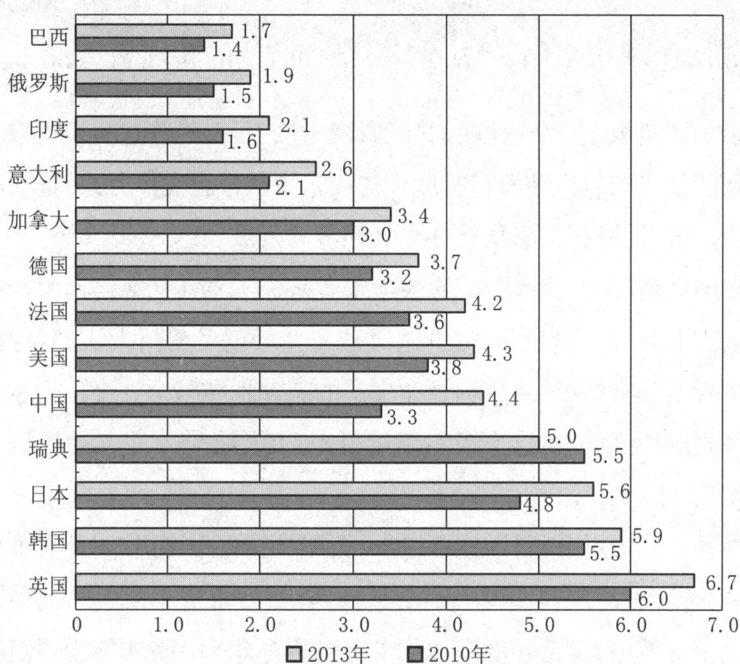

图 8-3 主要国家互联网经济占 GDP 比例(%)

• 注:大多数国家的 C2C(消费者对消费者)网络零售主要是个人在二级市场的交易,且可忽略不计。但在中国,它包含未进行公司注册的小微企业的销售额。如果 C2C 包括在内,中国互联网经济占 GDP 的比重高达 7%,高于任何一个国家。

资料来源:麦肯锡全球研究院分析。

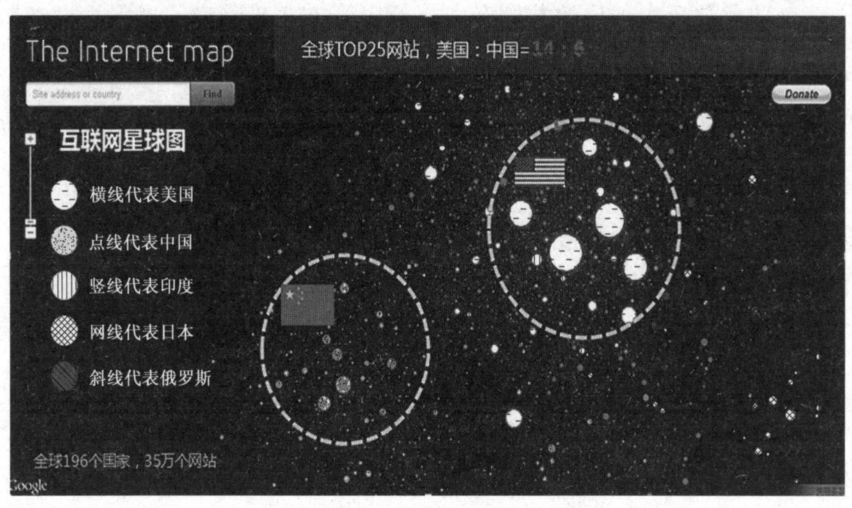

图 8-4 互联网星球图

二、超级全球化强化了“社会主义救世界”的新理念

第一,“超级全球化”反映的“互联网＋”的平台经济运行模式以及与人工智能技术的有机结合将有助于构成未来的社会生产方式,推动资本主义生产方式的变革,彰显社会主义经济的发展理念。

必须看到的是,资本主义的根本矛盾是资本主义社会化大生产和资本私人占有制之间的矛盾,资本主义从一开始就是采用大机器生产,但是资本却是私有制,导致个别企业生产的有序性和整个社会化大生产的无序性之间冲突尖锐,这个根本矛盾得不到解决,资本主义的性质就不会发生变化。

随着生产力提升、科学技术进步、生产社会化程度提高、世界市场扩大,国际分工在广度和深度上不断延伸,必然要求资本配置从一国范围扩展到全球范围,推动经济全球化走向资本全球化。资本输出逐渐取代商品输出成为经济全球化的主要推动力量。但2008年的国际金融危机表明,资本全球化没有能够解决资本主义经济的固有矛盾,反而有可能使其更加激化,于是,出现了抑制和反对经济全球化的思潮和举动。

全球化与反全球化的共同存在揭示了资本主义制度的局限性,意味着无论是全球化还是反全球化都无法解决资本主义内生的矛盾,唯一的解决方式就是经济制度的变革。这为社会主义经济制度的发展提供了契机和空间。

反全球化并不是解决资本主义危机的良策。全球化本身不是导致资本主义贫富分化的根源,因而解决问题的关键不在反对全球化,而在全球化进程中如何调整利益分配、财富分配,实现互利、共享,推动构建人类命运共同体。

未来的经济全球化将朝着以数字化、智能化方向发展的“超级全球化”演变。“超级全球化”是基于“互联网＋”的平台经济运行模式,将有助于促进资本主义生产方式的变革,化解资本主义经济制度的内在矛

盾,促进社会主义市场经济发展,让全球化变得更为均衡、包容、普惠。

“超级全球化”的表现形式是数字全球化、智能全球化。“互联网+”人工智能,将推动世界信息技术革命不断深化,成为新一轮科技革命的支撑性技术。人工智能技术是推动未来经济发展的先进社会生产力,而互联网平台成为与之配套的先进社会生产关系。“互联网+”人工智能不再仅仅是互联网技术在人工智能科学技术领域的一般应用,也不仅仅是互联网的智能化升级,而是先进的社会生产力与社会生产关系的有机结合,构成先进的社会生产方式。这是一场具有划时代意义的社会经济基础的变革,不仅把工业时代社会生产方式转变为智能时代社会生产方式,而且凸显了包容、共享、和谐的社会主义经济的发展理念。

第二,传统经济全球化在推动生产的社会化和世界经济发展的同时,也使资本主义的基本矛盾在世界范围内更加尖锐地表现出来。中国提出的五大新发展理念与“一带一路”倡议充分体现了“超级全球化”的开放、包容、普惠的基本特征,必将引领、推动公平包容的国际新秩序与人类命运共同体的构建。

当前,世界经济持续低迷、增长动能不足、贫富差距扩大以及全球经济治理滞后是全球共同面对的经济社会发展困境。在当今工业化与信息化并存的全球化时代,伴随数字全球化、智能全球化的发展,中国倡导的“创新、协调、绿色、开放、共享”的新发展理念,顺应了经济全球化的发展趋势,推动了公平包容的国际秩序以及人类命运共同体的构建,必将有助于世界经济和社会发展获得根本性的转变和突破。

反思经济全球化,既是生产的社会化和资源配置的全球化过程,也是不同生产关系在全球范围内相互碰撞和相互渗透的历史过程。因此,经济全球化是一把“双刃剑”,在推动生产的社会化和世界经济发展的同时,又给世界经济的发展带来了许多新矛盾。20 世纪 80 年代后,由新自由主义政策推动的新一轮经济全球化迅猛发展,资本主义基本矛盾在全球范围更加尖锐地表现出来。在物质财富不断积累、科技进步日新月异的同时，世界范围内贫富两极分化加剧，不平衡问题突出，经济持续低迷，金融危机频发，生态环境恶化，不确定性因素上升。事实证明，资本主义主导的经济全球化难以引领人类社会经济发展的方向。

作为最大的发展中国家，中国已成为全球经济治理的主要推动者与引领者。中国主张将平等、开放、合作共赢、共商共建共享的理念融入世界经济体系的发展之中，为全球经济难题提供了中国方案，体现了中国智慧。

中国倡导实施的“一带一路”建设体现了“超级全球化”的开放、包容、普惠的基本特征，通过推动各国之间发展战略的有效协调对接，寻找利益契合点，让更多的地区、国家受益于经济全球化进程，构建共同富裕的人类命运共同体。

中国还要加快数字经济发展，将数字化、智能化技术应用与“一带一路”建设相结合，推动数字经济改变传统的生产方式，成为普惠、包容的经济发展新业态，使广大发展中国家与中小企业能够成为“超级全球化”的重要的参与者及市场主体，实现世界经济均衡、包容、可持续增长。

第三，认真总结中国改革开放近40年的经验与教训，必将深化我们对现有资本主义生产力和生产关系的再认识，从而更清醒地认清社会主义生产方式的优越性，不断丰富和发展中国特色社会主义理论体系，进一步提高道路自信、制度自信、理论自信和文化自信。

中国改革开放以来取得的发展成就，已经被世界公认为全球化时代的成功案例，而这是与中国特色社会主义的制度优势分不开的。中国对外开放和参与经济全球化成功实践的理论总结，不仅反映出中国特色社会主义制度的优越性，而且为世界各国解决所面临的经济社会发展问题提供了重要的借鉴，充分展示了全球化与制度多样性的辩证关系，是对世界各国如何更好参与全球化进程这一重大发展问题的理论贡献。

中国特色社会主义产生于全球化大潮中，并在与全球化的良性互动中发展，并不断壮大。全球化日益改变中国，中国也开始影响全球化。

面对经济全球化带来的机遇和挑战,中国提出的“一带一路”倡议是中国特色社会主义理论体系的升华,也是中国实现从全球化的参与者向引领者过渡的重要标志。通过“一带一路”这一实践平台,中国倡导的开放、包容、均衡、普惠理念将写入新一轮全球化的规则之中。可以说,中国特色社会主义不仅在塑造全球化的未来,也正在塑造人类社会的未来。

首先,“一带一路”推动全球化从西方到东方、从海洋到大陆、从发达国家到发展中国家、从资本主义一统天下到多样文明共存的转变。其次,“一带一路”联通广大发展中国家,整合区域和全球经济资源,开启了新一轮贸易投资交流热潮,给沿线各国带来了新的发展机遇,并在共商共建中实现共赢发展。最后,“一带一路”与发达国家大型跨国公司驱动的全球化不同,它不仅重视发展中国家,同时也重视中小企业和草根力量的作用。“一带一路”代表了全球治理的新方向,将对人类社会发展走向消除全球贫富对立分化、实现全球经济再平衡、消弭文明隔阂和文化冲突产生重要影响。

“超级全球化”孕育的发展理念以及在技术创新、制度创新和治理创新等方面体现的内在含义与中国特色社会主义道路、制度、理论和实践发展的内在逻辑基本契合。中国应积极输出在实施“互联网+”、大数据、人工智能等战略以及发展“共享经济”“普惠金融”方面的成功经验,使之成为信息全球化时代消除世界贫困、缩小贫富差距难题的最佳实践范例,以此树立中国在新一轮全球化进程中的引领者、主导者地位。

附件：根域名服务器及域名系统的治理权之争

由于互联网诞生在美国，绝大多数相关的技术发明均由美国完成，故美国在其发展过程中掌控了互联网的绝对权力，其中就包括根域名服务器。由于历史因素，当前全球合计13台中有9台在美国，受制于技术限制，服务器无法再扩张，若改造技术协议则不亚于再造一个互联网，而美国或其他国家也无意让渡和转让这一权力，因此给新兴国家带来发展掣肘及安全顾虑，其潜在问题包括被从全球网络中隔离的安全风险、网站访问过程的单向透明及相当的经济损失和数字逆差。

纵观互联网的发展史，网络资源的管理权一直是多方博弈的过程，包括民间机构、商业公司与美国政府的博弈，也包括美国政府与其他主权国家的网络主权空间的声张，目前选择ICANN这一个非政府组织作为互联网治理的机构，意图实现非主权国家的网络自治，最终实现多元包容治理。目前改革的进展表面脱离美国政府的直接掌控，但其依然具有相当的干预能力。

中国目前采取的部分对策如实施《网安法》体现自身的话语权、关注和积极参与ICANN改革、鼓励建设“.cn”国家域名的自主解析这一可控的网络子节点均取得一定的成效，但应当认识到重绘新的网络治理版图是一个长期的过程，需要中国在下一代互联网技术方面做好技术准备，使用中国智慧创造中国网络空间治理模式。

1. 何为根域名服务器

DNS 是域名系统(Domain Name System)的缩写,是互联网的一项核心服务,是一个可将域名和 IP 地址相互映射的分布式数据库,类似于自动的电话号簿,可让人使用可理解、易辨别的文字来访问互联网,省去记忆网络传输用的复杂、难记的 IP 数串地址。域名系统作为 TCP/IP 协议的一个组成部分诞生于 1979 年。

根域名服务器(root-servers.org)是互联网域名解析系统(DNS)中最高级别的域名服务器,掌握了国家顶级域名和通用顶级域名的记录和分配。由于技术限制,全球有且仅有 13 台根服务器。目前的分布是:美国 10 台(1 个主根服务器),瑞典、荷兰、日本各 1 台。顶级域名服务器除可提供域名解析服务外,还可进行一些通用国际域名的域名管理功能,如域名记录、更新、删除等。

除了这 13 台顶级根域名服务器外,截至 2017 年 9 月 24 日,全球还有 729 台镜像服务器(用于本地地址解析服务),其中中国大陆 5 台

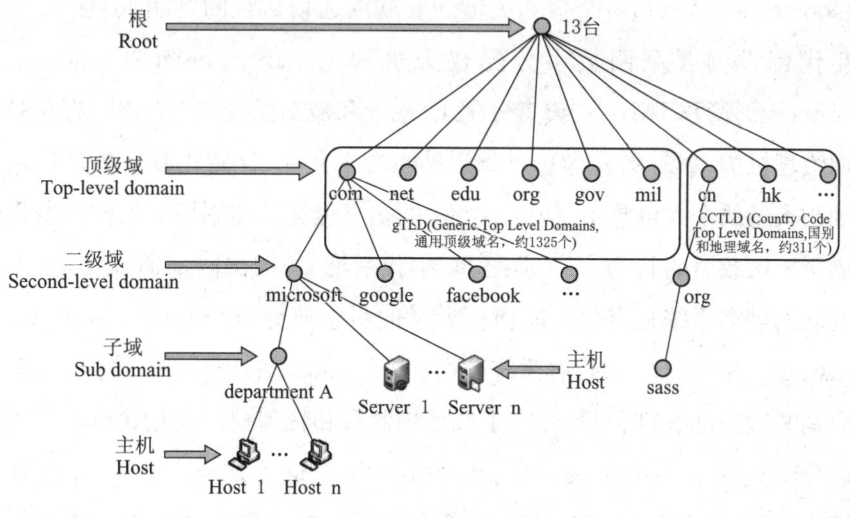

图 1　互联网域名系统结构

(北京4台、杭州1台)、中国香港地区6台、中国台湾地区4台。镜像服务器仅可提供解析服务,不能进行管理。简单地说,在国内的域名服务器镜像只能保障电力、外部网络的正常运营,无权干预任何运行事务,其数据库在全球自动同步。

除此之外,每个国家(地区)可管理自己的国家(地区)域名服务器(如中国大陆为“.cn”,中国香港地区“.hk”,中国台湾地区“.tw”),每个国家域名服务器各自主权国家有完全管理权。

2. 根域名服务器的治理之争

在互联网治理的历史上,“根”的控制权争夺交织着业界、商界和政府之间的复杂博弈,已不仅是工程技术问题,更是政治、社会和法律问题。在此背景下,技术呈现出政治特征,围绕网络协议的争论展示了技术标准如何成为政治的另外一种形式,标准斗争实际是不能明说的假定利益的冲突。

域名系统起初由发明互联网的主要贡献者之一霍纳桑·波斯特尔(JonathanB. Postei,数个极为关键的互联网通信协议的发明人)在1980年代创设的互联网数字分配权力机构(Internet Assigned Numbers Authority,简称IANA),负责分配IP地址和域名系统,这是最早的互联网治理机构,那时域名就是一个简单的文本文件,存储在波斯特尔在南加州大学的个人电脑中,他以IANA的名义保存并控制域名系统。变化始于美国政府的行为。20世纪80年代后期,美国国防部通过招标,将互联网域名系统私有化。斯坦福大学的科学研究所(Scientific Research Institute,简称SRI)和政府系统公司(Government System Inc.,简称GSI)分别与国防部签订合同,分享了域名控制权和管理权。而互联网地址资源分配则交由IANA来分配,由IANA将地址分配到ARIN(北美地区)、RIPE(欧洲地区)和APNIC(亚太地区),然后再由这些地区性组织将地址分配给各个 ISP。GSI 掌握“com”“.net”和“.org”的控制权;SRI 则掌握其他顶级域名。后来,GSI 将域名业务外包给一个盈利机构 NSI(Network Solution Inc.)。直至 1988 年,美国政府虽然已经将这些业务私有化,但仍然认为自己具有根本的控制权。

进入 20 世纪 90 年代,互联网开始商业化,特别是万维网的发明和广泛应用,人们开始通过浏览网页,使得域名变得越来越具有商业价值,对于一些具有标识意义的域名的争夺趋于白热化。NSI 开始通过收费注册的方式获得了巨大的商业利益。因此,出于对域名系统商业化的不满,文特 · 瑟夫(Vinton Gray Cerf,参与设计 TCP/IP 协议及互联网的基础体系结构)等人与布鲁塞尔的一些公司联手,成立了互联网协会(Internet Society,简称 ISOC),并宣称互联网协会是互联网领域真正的管治权威。在瑟夫看来,互联网虽然起源于美国政府资助的科研项目,但在 20 世纪 80 年代以来已经成为一个国际性事物,其管治权不再属于美国政府,而是属于整个互联网业界。互联网协会被认为是代表互联网共同体的自治机构。

1998 年,NSI 与美国政府的合同到期。ISOC 准备开始全面接管域名的注册和分配权力。它联合一些商标权机构成立了一个国际小组,名为“国际特别委员会”(International Ad Hoc Committee,简称 IAHC),将互联网业界的各方力量纳入进来。IAHC 负责未来的域名和地址工作,推出了著名的“通用顶级域名谅解备忘录”(gTLD—MoU),增加七个通用顶级域名并重构域名系统的治理结构(即具有资格的 ISP 可以通过签署备忘录获得在特定国家与地区注册二级域名的权力),试图改变 NSI 在域名注册领域的垄断地位和美国政府对于互联网的控制。IAHC 同时授权一个瑞士公司 CORE(International Council of Registrars)来负责管理即将新增的顶级域名,如“.shop”。IAHC 与联合国下属的国际电信联盟(International Telecommunication Union,简称 ITU)联合,几乎塑造了互联网领域的“宪法”。一些互联网服务提供商甚至借着 gTLD—

MoU的声势发布了“互联网宪法”(the Internet Constitution),其序言基本参照《美国宪法》序言的句式“我们互联网共同体人民,为了促进构成互联网的各个网络之间的更多协作,保证构成互联网的各种网络之间的和谐关系,以及确保构成互联网的所有网络能享受自由的幸福,特制定和确立本宪法……”

ISOC的努力代表了互联网业界的自治实践。然而,美国政府并没有允许互联网共同体自治。美国政府担心互联网协会被ITU利用,成为其他政治体(特别是欧盟)控制互联网的工具。美国政府随即约谈ISOC的核心人物,表明美国政府维护其互联网控制权的明确立场,并明确反对gTLD—MoU,理由是维护互联网安全。随后,随着瑟夫屈从于美国政府的意志,ISOC的计划宣告流产。1997年的结束随即标志着ISOC计划的终结。美国最终明确了自己对于互联网的全面管治权。1998年1月28日,美国政府将互联网管理权从国家科学基金会(National Science Foundation)手中转移到了美国商务部(Department of Commerce)。1998年1月29日美国政府发布绿皮书,全面接管互联网域名系统的控制权。美国政府因而巩固了其对于互联网的“根”(theroot)的管治权。克林顿当局负责信息网络事务的伊拉·马格齐纳(Ira Magaziner)宣布,任何未经授权而更改根域名文件的行为都是犯罪。

随着波斯特尔在1998年10月的去世,互联网共同体的自治努力告一段落。网络空间自主订立社会契约和制定宪法的尝试归于失败。美国政府重申并确认了其对于互联网的主权。

此次互联网技术共同体与美国政府之间的斗争展现了美国对于互联网控制权的绝对肯定:美国不允许互联网业界独立控制互联网,更不允许其他主权国家通过互联网自治组织或者政府间组织来分享互联网的控制权。因此在绿皮书发布后遭到了除美国外几乎所有国家及机构的反对。美国政府在征求了大量意见后,于1998年6月5日发布了“绿皮书”的修改稿“白皮书”。白皮书提议在保证稳定性、竞争性、民间协调性和充分代表性的原则下,在 1998 年 10 月成立一个民间性的非营利机构,即互联网名称与数字地址分配机构(The Internet Corporation for Assigned Names and Numbers,简称 ICANN),承担域名系统管理、IP 地址分配、协议参数配置,以及主服务器系统管理等职能,负责协调管理 DNS 各技术要素以确保普遍可解析性,使所有的互联网用户都能够找到有效的地址,维护互联网运行的稳定性、促进竞争、广泛代表全球互联网组织,以及通过自下而上和基于一致意见的程序制定与其使命相一致的政策。自此 ICANN 开始参与管理 Internet 域名及地址资源的分配,但实际资源的分配仍然由 IANA 来掌控。

ICANN 的核心权力机构是 ICANN 理事会,共由 19 位理事组成:9 位 At-Large 理事、9 位来自 ICANN 三个支持组织提名的理事(每家 3 名)和一位总裁。根据 ICANN 的章程规定,它设立三个支持组织,从三个不同方面对 Internet 政策和构造进行协助、检查,以及提出建议。这些支持组织帮助促进了 Internet 政策的发展,并且在 Internet 技术管理上鼓励多样化和国际参与,理事会也包括来自中国的公民,也更多地体现中国共同参与治理的努力。

ICANN 成立后按照它预设的目标进行运行,但在 2013 年夏的“斯诺登事件”,美国政府利用互联网技术优势实施“全球监控”的行径在国际社会上掀起轩然大波,一些国家强烈要求“重划互联网治理版图”,“削弱美国对互联网的控制权”。相关国际组织如全球互联网社群于同年 10 月在乌拉圭发表“蒙得维的亚”声明。声明明确表示:“对近期普遍出现的监听对全球互联网用户的信任与信心的践踏表示由衷的担忧”,“号召加快 ICANN 与 IANA 的国际化进程,将其建设成为所有利益相关方,包括各国政府,均能平等参与的平台”。ICANN 改革问题成为国际互联网治理中的焦点议题,受到国际社会的广泛关注。2016 年 3 月 10 日,互联网名称与数字地址分配机构(ICANN)董事会主席史蒂夫·

D.克罗克(Steve D Crocker)博士把全球互联网社群制定的一套方案提交给了美国政府。随后,美政府电管局(US National Telecommunications and Information Agency,简称 NTIA)在 2014 年 3 月 14 日也正式发表声明(简称 3 · 14 声明)有意放弃互联网管理权并启动"移权"进程,这一声明似乎标志着持续了十多年的美国政府在多方压力下正式放弃对互联网关键基础资源的最终话语权。

在 2016 年 6 月互联网体系结构委员会(IAB)主席 Andrew Sullivan 在美国国会听证会上的发言中指出:那就是美国商务部通过 NTIA 在 IANA 中的介入与互联网的运转原则很不统一,因为和 IANA 完全不同的 NTIA 既不是互联网结构的运营者,也不能给互联网提供任何运营组织无法提供的技术服务。NTIA 的参与主要有两个问题:第一,NTIA 在 IANA 的责任分工中是多余的,使 IANA 的分工和运转不能完全透明。美国政府的介入成为了互联网自然发展的障碍。在这样的机制下,所有互联网的变革都要经过美国政府官僚机构的批准才能生效。这种结构迫使 IANA 以政府的办事速度运转,而这显然比互联网的自然发展速度慢很多。第二,因为 IANA 的行为需经过美国政府批准,很多其他国家认为是美国政府控制 IANA 这个本不应受任何政府控制互联网机构。这种印象,即使并不完全正确,也使得很多国家提出 IANA 应该由多国政府联合控制。然而,更多国家政府的介入,只会使已经运转较慢的 IANA,变得更加缓慢。因此,解决方案是让全球互联网社区来自己管理自己。

美电管局和互联网社群都认为,移交更有利于实现互联网的自由。而且,如果不顾及美国政府此前对国际社会移交 IANA 的承诺,将损害美国的国家声誉。

事实上,在移交后的制度设计中,政府组成的 GAC(政府咨询委员会)只是 ICANN 社群的"利益相关方"之一,其权力受到有效的制约,并没有哪一国政府能够做到"控制"ICANN。美国政府主动放弃其管理权,兑现了其希望互联网资源管理民营化的承诺,客观上有利于 ICANN 治理,乃至全球互联网的治理向着更加多元、民主、透明的方向继续前进。

但也应当注意到,在世界各国要求共同参与互联网管理的呼吁下,美国政府选择将域名系统的治理权私有化,将域名管理权移交互联网域名与地址分配公司(ICANN),这种做法本质上是为了尽量阻止主权国家进入 ICANN,而对非主权国家进入 ICANN 大开方便之门,比如各大美国商业公司,这会导致美国公司,而非各个主权国家在其中发挥主导作用。

另外一点就是虽然 ICANN 是一个非营利组织,但其注册在美国加州,其相关事务的运作还受到美国加州法律的管辖,事实上,在部分 ICANN 改革提案中,美国政府时常用其国内法律来影响议案的研讨方向。

多元治理是互联网长期繁荣、稳步发展的必然之路,但并非可一蹴而就。在美国认可进行 IANA 移交事务后,在近一年来部分提案和政策也时有变化,结合互联网治理权在以往历史中的变迁,应当认识到这可能是个长期反复的过程,需要耐心和恰当的策略。

3. 无法掌控根服务器潜在风险

(1) 经济因素:域名注册费、管理费等。

(2) 数据逆差:这是国家之间数据访问不平衡的问题,虽然网络内容和质量是造成数据逆差的主要原因,但域名查询产生的数据流量也是其中一个组成部分。

(3) 安全风险:

网络单向透明:拥有根域名服务器管理权限可通过查阅根服务器的日志记录即可掌控全球网络访问动向,而没有管理权的国家则一无所知。

易随时被切断域名服务:伊拉克国家顶级域名“.iq”自2002年被终止服务后,直至2005年才归还伊拉克政府手中,而利比亚国家顶级域名“.ly”曾因经济纠纷在2004年4月瘫痪了三天;而在塔利班政权统治阿富汗时期,ICANN将阿富汗国家顶级域名“.af”的管理权授予前流亡政府;理论上来说美国政府可进行政治干预将部分域名从根域名解析服务器中删除或采用其他技术手段,从而使这些国家或机构从互联网上“消失”,外界无法访问这些国家或地区的网络主机。

4. 美国是否利用根域名服务器行使网络霸权

目前并没有确切的证据表明美国利用根域名服务器行使网络霸权,但由于斯诺登事件后泄露出的美国主导的棱镜计划及五眼联盟可推断出,美国及其盟友拥有根域名服务器管理权确实具有网络监听的单方绝对优势。

主要参考文献

1. Baldwin. 21st Century Regionalism: Filling the gap between 21st century trade and 20th century trade rules, 2011.

2. Clark G. The Industrial Revolution [J]. Handbook of Economic Growth, 2014, 2.

3. Djankov S, Freund C, Pham C S. Trading on Time[J]. Review of Economics & Statistics, 2010, 92(1).

4. Djankov S, Ganser T, Mcliesh C, et al. The Effect of Corporate Taxes on Investment and Entrepreneurship [J]. American Economic Journal Macroeconomics, 2010, 2(3).

5. Djankov S, Porta R L, Lopez-De-Silanes F, et al. The Law and Economics of Self-Dealing November 4th, 2005[J]. Journal of Financial Economics, 2008, 88(3).

6. Djankov S, Porta R L, Shleifer A. The Regulation of Entry[J]. Quarterly Journal of Economics, 2002, 117(1).

7. Dunning, John H. and Narula R. (1996), "The Investment Development Path Revisited", in Theories and Paradigms of International Business Activity: The Selected Essays of John H. Dunning, Volume I, John H. Dunning edited, Edward Elgar Publishing Limited, UK, 2002.

8. Geginat C, Ramalho R. Electricity Connections and Firm Performance in 183 Countries[J]. Policy Research Working Paper, 2016.

9. Iimi A. Effects of Improving Infrastructure Quality on Business Costs: Evidence from Firm-Level Data In Eastern Europe and Central Asia [J]. Developing Economies, 2011, 49(2).

10. Lecrew, D.J. and Morrison A.J.. TNCs Host Country Relations: A framework for Analysis. South Carlorina Essays in International Business, 1991, No.9.

11. Root, Frankin R. and Ahmed A. Ahmed. The Influence of Policy Instruments on Manufacturing Direct Foreign Investment in Developing Countries. Journal of International Business Studies, Vol.9, No.3, 1978.

12. UNCTAD (2007), World Investment Report 2007, 联合国贸发会议网站, http://www.unctad.org.

13. WEF (2006), "Executive Summary", Global Competitiveness Report 2006—2007, 世界经济论坛网站, http://www.weforum.org/en/media/publications/CompetitivenessReports/index.htm.

14. WEF(2007), Global Competitiveness Report 2007—2008, 世界经济论坛网站, http://www.gcr.weforum.org.

15. World Bank, World Development Report 2005: A Better Investment Climate for Everyone, 2004, Oxford University Press.

16. 爱德华·M.格莱汉姆. 全球性公司与各国政府[M]. 北京:北京出版社,2000(中译本).

17. 岑丽君. 中国在全球生产网络中的分工与贸易地位——基于TiVA数据与VC指数的研究[J]. 国际贸易问题,2015 (1).

18. 邓小平. 解放思想,实事求是,团结一致向前看[M]. 邓小平文选(2),北京:人民出版社,1993.

19. 邓小平. 在武昌、深圳、珠海、上海等地的谈话要点[M]. 邓小平文选(3),北京:人民出版社,1993.

20. 邓小平. 中央要有权威[M]. 邓小平文选(3),北京:人民出版社,1993.

21. 董志强,魏下海,汤灿晴. 制度软环境与经济发展——基于30个大城市营商环境的经验研究[J]. 管理世界,2012(4).

22. 方颖,赵扬. 寻找制度的工具变量:估计产权保护对中国经济增长的贡献[J]. 经济研究,2011(5).

23. 国家发改委、外交部、商务部. 推动共建丝绸之路经济带和 21 世纪海上丝绸之路的愿景与行动[N]. 2015-3.

24. 国务院. 关于支持海南全面深化改革开放的指导意见[N]. 新华网,2018-4-14.

25. 国务院. 进一步深化中国(上海)自由贸易试验区改革开放方案[N]. 新华网,2015-4-8.

26. 胡锦涛. 高举中国特色社会主义伟大旗帜,为夺取全面建设小康社会新胜利而奋斗——在中国共产党第十七次全国代表大会上的报告[M]. 北京:人民出版社,2007.

27. 胡锦涛. 坚定不移沿着中国特色社会主义道路前进　为全面建成小康社会而奋斗——在中国共产党第十八次全国代表大会上的报告[M]. 北京:人民出版社,2012.

28. 黄群慧,贺俊. 中国制造业的核心能力、功能定位与发展战略——兼评《中国制造 2025》[J]. 中国工业经济,2015(6).

29. 黄群慧. 从高速度工业化向高质量工业化转变[N]. 人民日报,2017-11-26(第 5 版).

30. 贾根良. 第三次工业革命与工业智能化[J]. 中国社会科学,2016(6).

31. 江静. 制度、营商环境与服务业发展——来自世界银行《全球营商环境报告》的证据[J]. 学海,2017(1).

32. 江泽民. 不失时机地实施西部大开发战略[M]. 江泽民文选(2),1999-6-17.

33. 江泽民. 加快改革开放和现代化建设步伐,夺取有中国特色社会主义事业的更大胜利[M]. 江泽民文选(1),1992-10-12.

34. 经济合作与发展组织. 中国跨国并购政策报告 2006[M]. 北京:

中信出版社,2006-4.

35. 李明阳."放管服"政策背景下北京市营商环境研究评述[J].经济研究导刊,2018(31).

36. 林季红.跨国公司全球生产网络与中国产业的技术进步[J].厦门大学学报,2006(6).

37. 刘春生.全球生产网络的构建与中国的战略选择[M].北京:中国人民大学出版社,2008.

38. 刘德学,苏桂富.中国加工贸易升级状况分析:基于全球生产网络视角[J].国际商务——对外经济贸易大学学报,2006(4).

39. 卢福财,秦川.中国工业改革发展30年:1978—2008[J].当代财经,2008(8).

40. 卢进勇,杨杰,郭凌威.中国在全球生产网络中的角色变迁研究[J].国际贸易问题,2016(7).

41. 罗培新.世界银行营商环境评估方法论:以"开办企业"指标为视角[J].东方法学,2018(6).

42. 罗秦.税务营商环境的国际经验比较与借鉴[J].税务研究,2017(11).

43. 毛泽东.毛泽东邓小平江泽民论科学发展[M].北京:中央文献出版社、党建读物出版社,2008-8.

44. 潘闻闻.对标世界银行指标体系改善上海营商环境[J].科学发展,2018(4).

45. 裴长洪,郑文.中国开放型经济新体制的基本目标和主要特征[J].经济学动态,2014(4).

46. 裴长洪.中国开放型经济建立的经验分析——对外开放30年的总结[J].财经问题研究,2009(2).

47. 权衡.对外开放四十年实践创新与新时代开放型经济新发展[J].世界经济研究,2018(9).

48. 深入学习贯彻党的十九大精神　紧扣新时代要求推动发展[N]. 徐州日报,2017-12-14(第1版).

49. 沈鸿生. 加快建立工业管理新体制的几个问题[J]. 中国工业经济,1997(4).

50. 世界经济论坛. 2005—2006 全球竞争力报告[M]. 北京:经济管理出版社,2006.

51. 唐海燕. 中国在全球生产网络中的角色变迁[J]. 华东师范大学学报(哲学社会科学版),2013(5).

52. 汪海波,刘立峰. 中国工业化道路的回顾与前瞻——为庆祝新中国成立 60 周年而作[J]. 经济研究参考,2009(38).

53. 王靖. 从纳税指标入手优化税收营商环境[J]. 中国市场,2018(12).

54. 王新奎. 中国入世 10 周年:改革开放的回顾与前瞻[J]. 探索与争鸣,2011(10).

55. 魏后凯. 产业转移的发展趋势及其对竞争力的影响[J]. 福建论坛:经济社会版,2003(4).

56. 温丽琴. 中国跨国公司应加快构建自主生产经营网络[J]. 亚太经济,2012(6).

57. 吴敬琏. 当代中国经济改革教程[M]. 上海:上海远东出版社,2010.

58. 习近平. 发挥亚太引领作用,维护和发展开放型世界经济——在亚太经合组织领导人会议第一阶段会议上关于全球经济形势和多边贸易体制的发言[N]. 人民日报,2013-10-7.

59. 习近平. 共同维护和发展开放型世界经济——在二十国集团领导人峰会第一阶段会议上关于世界经济形势的发言[N]. 人民日报,2013-9-5.

60. 习近平. 关于“中共中央关于全面深化改革若干重大问题的决

定”的说明[N]. 人民日报,2013-11-12.

61. 习近平. 决胜全面建成小康社会　夺取新时代中国特色社会主义伟大胜利——在中国共产党第十九次全国代表大会上的报告[M]. 北京:人民出版社,2017.

62. 习近平. 深化改革开放　共创美好亚太——在亚太经合组织工商领导人峰会上的演讲[N]. 人民日报,2013-10-7.

63. 徐蔚冰.中国已经步入工业化后期[N]. 中国经济时报,2016-1-27(第6版).

64. 杨长湧. 构建开放型经济新体制打造高水平开放新格局[J]. 经济纵横,2016(1)(半月刊).

65. 尹政平,李光辉,杜国臣. 自贸试验区主动对接国际经贸新规则研究[J]. 经济纵横,2017(11).

66. 张鹏,王娟. 全球生产网络中国产业升级结构封锁效应及突破[J]. 科学学研究,2016(4).

67. 张先锋,蒋慕超,刘有璐. 化解过剩产能的路径:出口抑或对外直接投资[J]. 财贸经济,2017(9).

68. 张幼文. 自贸区试验与开放型经济体制建设[J]. 学术月刊,2014(1).

69. 张幼文. 自贸区试验的战略内涵与理论意义[J]. 世界经济研究,2016(7).

70. 张志铭,王美舒. 中国语境下的营商环境评估[J]. 中国应用法学,2018(15).

71. 赵蓓文. 构建开放型经济新体制:上海实践与对策[J]. 上海经济研究,2017(5).

72. 中共中央,国务院. 关于构建开放型经济新体制的若干意见[N]. 人民日报,2015-5-5.

73. 中共中央. 2014年中央经济工作会议[N]. 新华网,2014-12-9.

74. 中共中央. 中共中央关于制定国民经济和社会发展第十二个五年规划的建议[N]. 新华网,2010-10-18.

75. 中国共产党. 中国共产党十六届五中全会公报[N]. 新华网,2005-10-11.

76. 钟飞腾,凡帅帅. 投资环境评估、东亚发展与新自由主义的大衰退——以世界银行营商环境报告为例[J]. 当代亚太,2016(6).

77. 竺彩华,李光辉,白光裕. 中国建设自由贸易港的目标定位及相关建议[J]. 国际贸易,2018(3).

后　记

上海社会科学院世界经济研究所成立于1978年，是全国世界经济领域最重要的研究机构之一。世界经济研究所以世界经济与国际关系两大学科为主轴，将世界经济研究与国际关系研究、世界经济研究与中国对外开放研究相结合，注重研究的综合性、整体性，提高研究成果的理论性、战略性与对策性。在学科建设的基础理论方面和对外开放的战略研究方面形成了一批被同行广泛认可的较有影响的成果。适逢中国改革开放40周年之喜，上海社会科学院世界经济研究所专门组织各研究室为团队进行集体攻关，经过多次讨论，确定本套丛书每一本书的书名、主题与内容，并组织全所科研人员撰写。整套丛书定名为“对外开放四十年”，从中国在经济全球化中的地位、中国参与全球经济治理、中国金融开放、中国对外开放与亚洲经济崛起等四个方面对“一带一路”建设的不同领域进行阐述。具体包括：《从应对挑战到积极主动——中国在经济全球化中的地位》《改革开放40年中国参与全球经济治理的历程与特点》《中国金融开放四十年——兼论上海推动对外金融开放的历程》《中国对外开放与亚洲经济崛起》。今天，我们为广大读者奉上本套丛书，并以此献礼改革开放40周年。

上海社会科学院世界经济研究所长期跟踪研究国内外关于对外开放的理论与实践，尤其是与中国对外开放相关的探索实践。《从应对挑战到积极主动——中国在经济全球化中的地位》是上海社会科学院世界经济研究所诸多同仁共同努力的结果，也是上海社会科学院创新工程“国际投资学”创新型学科的系列成果之一。本书的具体分工如下：第一章：赵蓓文；第二章：李珮璘；第三章：吕文洁；第四章：薛安伟；第五章：张广婷；第六章：刘芳；第七章：周大鹏；第八章：权衡、胡晓鹏、孙立行、薛安伟、周大鹏。

全书由赵蓓文研究员拟定总体框架和写作思路,并负责统稿、删减、补充、调整和最终定稿。研究生李丹负责全书的注释和格式整理。

本书在撰写过程中得到诸多学术界前辈、同行的支持和帮助,在此一并予以感谢!

本书编写组

2019年6月于上海社会科学院

图书在版编目(CIP)数据

从应对挑战到积极主动：中国在经济全球化中的地位/赵蓓文等著.—上海：上海社会科学院出版社，2019

ISBN 978-7-5520-2871-3

Ⅰ.①从… Ⅱ.①赵… Ⅲ.①中国经济-经济全球化-研究 Ⅳ.①F125

中国版本图书馆 CIP 数据核字(2019)第 164840 号

从应对挑战到积极主动
——中国在经济全球化中的地位

著　　者：赵蓓文　等　著
责任编辑：王　勤
封面设计：陆红强
出版发行：上海社会科学院出版社
上海顺昌路 622 号　邮编 200025
电话总机 021-63315947　销售热线 021-53063735
http://www.sassp.org.cn　E-mail：sassp@sassp.cn
照　　排：南京理工出版信息技术有限公司
印　　刷：上海景条印刷有限公司
开　　本：710×1010 毫米　1/16 开
印　　张：13.75
插　　页：1
字　　数：178 千字
版　　次：2019 年 6 月第 1 版　2019 年 6 月第 1 次印刷

ISBN 978-7-5520-2871-3/F·581　定价：88.00 元